Werner Gitt

Cerul

– un loc și pentru tine?

LICHTZEICHEN
VERLAG

Aceasta este a treia ediție a cărții în limba germană. Eu interpretez lucrul acesta ca o acceptare a ei și faptul că mulți caută o carte simplă, cu sugestii practice, care să-i conducă la mântuire.

Werner Gitt
Cerul – un loc și pentru tine?

1. ediție 2020

Imagine copertă: Kris Tan / Shutterstock
Traducere: Johannes Jach
ISBN: 978-3-86954-397 (Rumänisch/Romanian)
Comandă-Nr.: 548397

Veniți binecuvântații Tatălui Meu,

moșteniți împărăția,

care v-a fost pregătită de la întemeierea lumii.

Matei 25:34

Cuprins

Introducere

În viața noastră avem de luat multe hotărâri. Încă din tinerețe se pune întrebarea referitoare la profesie, partenerul de căsnicie sau domiciliul viitor. Toate aceste întrebări sunt importante și au semnificația lor, dar au numai o importanță temporară.

Întrebarea care depășește cu mult pe toate celelalte este aceea dacă știm unde vom fi în eternitate. Acolo nu este vorba de trei sau de treizeci de ani, ci unde vom fi toată eternitatea. Această carte este scrisă ca un ghid în sensul acesta.

Conform Bibliei, nu există decât două locuri pentru domiciliul etern – cerul sau iadul. Ambele locuri sunt dincolo de spațiu și timp, dincolo de cele trei dimensiuni în care trăim noi. Toate cercetările științelor naturii se referă exclusiv la lumea noastră tridimensională. Nu putem cerceta realitățile care trec dincolo de ea. Singurul mod de a obține cunoștințe despre ele este relatarea lui Dumnezeu în Cuvântul Său, Biblia. Dacă respingem aceste informații, tatonăm în întuneric și suntem expuși, fără posibilități de scăpare, luminilor amăgitoare ale ideologiilor și religiilor inventate de oameni.

În cartea aceasta este descrisă detaliat realitatea cerului și a iadului, comparându-le cu situații de pe pământ. Pentru hotărârea noastră este fundamental să luăm notă de ele.

Dacă cauți un loc unde să-ți petreci vacanța de trei săptămâni, mai înainte vrei să ai cât mai multe informații despre acel loc de vacanță. De cât mai multă vigilență trebuie să dăm noi dovadă, când este vorba de un loc unde nu petrecem trei săptămâni, ci o eternitate!

Conform mărturiei Bibliei, noi suntem toți vinovați înaintea lui Dumnezeu. Nimeni nu poate ajunge cu păcatul lui în cer. Avem nevoie de un Mântuitor, care să ne ierte orice vină. Acest Mântuitor trebuie să îndeplinească următoarele condiții:

– **El Însuși trebuie să fie fără păcat,**
– **El trebuie să fie om** și
– **El trebuie să fie și Dumnezeu.**

Aceste trei condiții nu a putut să le îndeplinească nimeni, decât Isus. De aceea eșuează toate învățăturile religiilor omenești, iar în Isus ne este dat singurul Mântuitor care ne duce în cer.

Deoarece Dumnezeu ne iubește atât de mult, El ne-a oferit tuturor această posibilitate de salvare, pe care a realizat-o Isus pentru noi.

Și voi, dragi cititori, sunteți invitați să aveți în cer viitoarea voastră patrie eternă. Această carte vrea să vă ajute să ajungeți la această încredințare.

Werner Gitt

1. Presentimentul eternității

O mică fabulă[1] ajută la ilustrarea unei înțelepciuni fundamentale a Bibliei:

Într-o zi de toamnă, un corb vorbea cu o rândunică, în primul ei an de viață. Corbul i-a zis rândunicii: „După cum văd, te pregătești de o călătorie lungă. Unde zbori?" Rândunica i-a răspuns: „Aici se face frig. S-ar putea să înghеț de frig. Zbor într-o țară mai caldă." Iar corbul o tachinează: „Gândește-te însă la „nașterea" ta. Te-ai născut aici în urmă cu câteva luni. De unde știi tu că există o țară mai caldă, unde să stai, cât timp aici va fi frig?" La care rândunica îi răspunde: „Cel care a pus în inima mea dorința după o climă mai caldă, nu mă poate înșela. Îl cred, și plec în călătoria spre o țară mai caldă." Iar rândunica a găsit ceea ce a căutat.

Referitor la om, Psalmul 8:5 descrie situația omului din prisma ordinii creației lui Dumnezeu: *„L-ai făcut puțin mai prejos decât Dumnezeu, și l-ai încoronat cu glorie și cu podoabă."*

Omul are în el presentimentul eternității și după căderea în păcat. El este programat în noi, așa cum se spune deja în Vechiul Testament, în Eclesiastul 3:11:

„Orice lucru El l-a făcut frumos, la timpul lui; a pus în inima lor și eternitatea; deși omul nu poate cuprinde de la început până la sfârșit lucrarea pe care a făcut-o Dumnezeu."

---

[1] *Richard Wurmbrand:* Înălțimi posibile de atins, editura Stephanus, Seewis / Uhldingen, 1. ediție 1978, pag. 464. (în germană)

Mărturia popoarelor confirmă acest cuvânt al Bibliei[2]. Fără descoperirea divină, această eternitate rămâne acoperită cu un voal misterios – numai presentimentul ei. Oamenii au colorat acest presentiment cu concepțiile din regiunile lor.

Astfel, conform tradiției lor de vânători, amerindienii își imaginează eternitatea ca un fond cinegetic, cu o abundență extraordinară de vânat.

Ideea lui Mahomed este plină de dorințele beduinilor din pustiu. Chiar și revoluționarul comunist din Vietnamul de Nord, Ho Și Min (1890-1969), a crezut într-o viață după moarte. După moartea lui, când i s-a citit testamentul, în el era și fraza „Mă duc să-i întâlnesc pe tovarășii Marx, Engels și Lenin."

Creatorul a pus presentimentul eternității în inima noastră, a tuturor. Drept consecință, chiar și poeții, ateiști, scriu despre presentimentul eternității care se află în ei. Cunoscutul poet german, Hermann Löns (1866-1914), și-a exprimat presentimentul lui despre eternitate în următoarele cuvinte emoționante:

> Cunosc o țară unde n-am fost niciodată,
> Acolo curge-o apă limpede ca cristalul,
> Înfloresc flori cu miros curat,
> Iar culorile lor sunt atât de delicate și fine ...
> În țara aceea îndepărtată cântă o pasăre,
> Ea cântă un cântec pe care eu nu-l cunosc;
> Nu-l aud niciodată, și totuși știu cum sună,
> Și știu și ce-mi cântă mie pasărea aceea;

[2] *Don Richardson:* Veșnicia în inimile lor, editura Misiunii Liebenzell, Bad Liebenzell, 1983, pag. 240. (este tradusă și în limba română)

Ea cântă viața, și ea cântă moartea,
Cea mai înaltă fericire, și cel mai mare necaz,
Acea poftă a timpului, durerea eternității ...
Dacă ajung în acea țară îndepărtată și străină,
Atunci înflorește sigiliul vieții pe mâna mea;
Dacă nu, atunci pasărea nu cântă decât moartea,
Îmi cântă o viață amară și plină de necaz.

Deși diferite religii și poezii exprimă dorința după eternitate, niciun om nu ne poate descrie realitatea de dincolo de zidul morții. Lucrul acesta este rezervat Dumnezeului Bibliei[3] și Fiului Său, Isus Hristos. Numai Isus a putut să spună: „Eu sunt Adevărul!“ (Ioan 14:6) De aceea vrem să auzim ce ne spune El, ca să putem cunoaște cu certitudine lucrurile eternității.

Toate visurile, dorințele noastre și imaginația noastră nu sunt suficiente ca să descrie esența cerului. De aceea, noi depindem de descoperirea lui Dumnezeu. Conform 1 Corinteni 2:9, devine clar faptul că avem de-a face cu o „lume“ care nu se află numai în afara spațiului și timpului, ci dincolo de tot ceea ce cunoaștem noi de pe pământ.

„Ce niciun ochi nu a văzut, nicio ureche nu a auzit și la inima niciunui om nu s-au urcat, așa este ce a pregătit Dumnezeu celor care-L iubesc.“

[3] Este Biblia o sursă de informație demnă de încredere? Da! – Biblia este singura carte a istoriei lumii, care poartă sigiliul divin al adevărului. Pe baza celor 3268 de prorocii deja împlinite, prin verificări matematice se poate demonstra validitatea adevărului ei. Calculul este prezentat în cartea amintită mai jos: *Werner Gitt:* Information – Der Schlüssel zum Leben. CLV-Verlag, Bielefeld, 5. Auflage 2016, S. 303-314. (în germană)

Trecerea de la credință la vedere depășește orice fantezie omenească.

Când împărăteasa din Seba a văzut bogăția și splendoarea de la curtea lui Solomon, surprinsă, ea a mărturisit:

„Și iată că nu mi s-a istorisit nici pe jumătate ...“

Dacă așa ceva a fost valabil pentru lucrurile pământești, cu cât mai mult pentru cele cerești!

Dacă cineva ar avea toate comorile și bogățiile lumii, onoare, titluri și demnitate, la sfârșit nu-i rămâne nimic din ele. Cu toate comorile avute, nimic nu-i poate umple inima; ea rămâne goală și înșelată, dacă nu găsește în Isus viața eternă.

Conform ordinii creației Sale, Dumnezeu a stabilit pentru noi un anumit timp pe pământ, și a așezat anumite granițe locuinței noastre (vezi Faptele apostolilor 17:26,27). Locuința noastră eternă este la Dumnezeu.

În lumea aceasta trecătoare nu avem o „cetate permanentă“ (Evrei 13:14). Aici suntem „străini și pelerini“ (1 Petru 2:11), deoarece „cetățenia noastră“ este în ceruri (Filipeni 3:20). Biblia ne descrie cerul ca un loc cu locuințe eterne (Ioan 14:2).

Situația omului este groaznică, când nu mai are unde să locuiască și niciun loc de adăpost. Chiar și filozoful nihilist Friedrich Nietzsche (1844-1900), care a declarat că „Dumnezeu este mort“, deplora ca nimeni altul lipsa unui adăpost:

„Lumea – o poartă spre mii de pustiuri mute și reci!
Cine-a pierdut ce-ai pierdut tu, nu se oprește nicăieri.
Acum stai palid, blestemat la un pelerinaj iernatic,
Asemenea fumului, care caută mereu ceruri mai reci ...
Vai de acela care nu are o patrie!“

2. Biblia conține cea mai bună, dar și cea mai rea veste

Într-un eseu de orientare creștină, Biblia a fost evaluată pozitiv:

> *Într-o lume plină de vești rele, Biblia este cea mai „Bună Veste".*

Am reflectat referitor la această propoziție mai mult timp, și m-am întrebat dacă ea este adevărată. Evanghelia este o Veste Bună pentru păcătosul care acceptă mântuirea. Din experiența semenilor noștri, știm că majoritatea oamenilor Îl resping pe Isus și Evanghelia Sa; iar pentru o parte dintre oameni, Biblia are cea mai rea veste posibilă. Conform evaluării lui Isus, din Matei 7:13-14, numărul lor este mult mai mare:

> *„Intrați pe poarta strâmtă; căci largă este poarta, lată este calea care duce la pierzare, și mulți sunt cei care intră pe ea. Dar strâmtă este poarta, îngustă este calea care duce la viață, și puțini sunt cei care o găsesc!"*

Este această frază a lui Isus o veste bună sau una rea? Conform Bibliei, numai cei născuți din nou vor intra în împărăția cerurilor (vezi Ioan 3:3). Câți vor fi aceștia? Dacă evaluăm numai în Germania, 5% din populație ar fi deja prea mult. Aceasta înseamnă că 95% din populația ei ajunge în iad. Nu este aceasta o veste foarte rea? Chiar dacă majoritatea oamenilor nu vor ca declarația lui Isus să fie adevărată, ea este însă descrierea realității.

Dacă auzim zilnic de crimele statului islamic SI[4] în Siria și Irak sau kamikazele islamiste urmăresc să omoare un număr cât mai mare posibil de persoane, inclusiv a atentatorilor, atunci este fără îndoială foarte grav. Și totuși zicem: ce bine că nu ni s-a întâmplat nouă.

Ne-am gândit vreodată că declarația lui Isus din evanghelia după Matei, referitoare la condamnare, se potrivește majorității cetățenilor țării noastre? Am putea spune că sunt oamenii din anturajul nostru imediat, aceia cu care aveam de-a face zilnic: vecinii și colegii noștri de muncă, poștașul, casiera din centrul comercial, vânzătoarea de la brutăria de vizavi, iar câteodată chiar rudele noastre cele mai apropiate.

Deși Biblia conține cea mai bună veste pe care o cunoaștem, și care a fost spusă vreodată vreunui om, ea conține și cea mai rea veste care poate exista. Majoritatea oamenilor merg pe calea lată a pierzării, care duce în locul pierzării eterne, în iad. O astfel de veste rea nu a fost publicată încă de niciun ziar din lume. Am explicat noi vreodată aceste versete în sensul acesta?

Dar, alături de cea mai rea veste, în frazele amintite se află și cea mai bună veste. Ni se dă o avertizare preventivă sau altfel spus, nu ajungem la pierzare, fără să știm. Mai înainte este scris: *Intrați pe poarta strâmtă, care duce în cer.* Fă-o acum, fă-o imediat!, căci mâine s-ar putea să fie prea târziu. Cine poate

[4] https://ro.wikipedia.org/wiki/Statul_Islamic

să garanteze deja pentru viața sa pământească, dacă el va mai trăi mâine? Nimeni – nici chiar cei tineri.

Cea mai bună veste este că toți oamenii din lume sunt invitați să devină un cetățean al cerului. Cât de frumos este acolo și ce ne așteaptă este descris prin câteva caracteristici, în capitolul 5: „Câteva caracteristici ale cerului".

Dacă întrebi care este scopul principal al acestei cărți, răspunsul este: Vreau să invit în cer cât mai multe cititoare și cititori. Cum se poate accepta invitația în mod practic este descris în capitolul 10.

Toate celelalte texte vor să te ajute să înțelegi mai bine motivele din planul secundar, și să trezească o bucurie anticipată pentru cer. În același timp este tot așa de esențial să amintesc și locul alternativ, ca să nu ajungi acolo sub nicio formă.

În bisericile sau chiar în adunările tradiționale s-a ajuns din păcate până acolo, că se consideră că nu este cazul să se amintească locul pierzării. Martorii lui Iehova și adventiștii au eliminat complet iadul din învățăturile lor. Și în adunările așa-zise „libere sau neoprotestante" se observă tendința de a predica numai despre dragostea lui Dumnezeu și dragostea frățească, și pe cât posibil, să se renunțe la predicile care au ca temă pierzarea eternă.

Să observăm ce a învățat Isus pe ucenicii și pe ascultătorii Săi. El a vorbit de multe ori despre pierzare într-un mod direct, la care a adăugat aluzii indirecte:

„Nu vă temeți de cei care omoară trupul, dar care nu pot omorî sufletul, ci temeți-vă mai mult de Cel care poate să piardă în iad și sufletul și trupul“ (Matei 10:28).

„Și dacă ochiul tău te face să cazi în păcat, scoate-l; este mai bine pentru tine să intri în împărăția lui Dumnezeu numai cu un ochi, decât să ai doi ochi și să fii aruncat în iadul focului, unde viermele lui nu moare și focul nu se stinge“ (Marcu 9:47-48).

„Acolo va fi plânsul și scrâșnirea dinților, când îl veți vedea pe Avraam, pe Isaac și pe Iacov, și pe toți prorocii, în împărăția lui Dumnezeu, iar pe voi aruncați afară“ (Luca 13:28).

Constatăm:

Biblia conține pe de o parte cea mai bună veste, iar pe de altă parte și cea mai rea veste posibilă.

Această afirmație trebuie explicată detaliat, căci de ea depinde hotărârea pe care o luăm, dacă cândva o vom duce bine sau dacă vom ajunge în final într-o catastrofă eternă. Ne putem imagina cerul și iadul în mod plastic, dacă le vom compara cu pământul.

Ai scris vreodată cu o cretă albă pe un perete alb? Dacă da, nu ai văzut nimic. De aceea tablele de la școală sunt negre, și se scrie pe ele cu cretă albă.

Dacă vrei să înțelegi esența cerului, trebuie să cunoști și pe cea a iadului.

Din citirea Bibliei și din observațiile făcute pe pământ am sesizat două afirmații frapante (A1 și A2), și vreau să explic detaliile lor:

- **A1: Pe pământ nu există nimic comparabil cu cerul, în frumusețe și măreție.**
- **A2: Tot așa, pe pământ nu există nimic așa de teribil, ca în iad.**

Pentru argumentarea celor două afirmații, două comparații:

2.1 O comparație între pământ și cer,
2.2 O comparație între pământ și iad.

2.1 Comparația între pământ și cer

Mai întâi vreau să prezint câteva evenimente de pe pământ, pe care le considerăm excepțional de frumoase, îmbucurătoare sau delectante. Nu fiecare experimentează aceleași situații și nici așa de fericite, cum sunt descrise în continuare; însă fiecare poate să relateze despre apogeele marcante și unice din viața sa. Amintesc aici numai câteva dintre evenimentele frumoase.

a) dragostea găsită

Prințul poeților germani, Friedrich von Schiller (1759-1805), a schițat în cuvinte clare ce se întâmplă când tinerii se îndrăgostesc:

Oh, nostalgie tandră, speranță dulce,
Timpul de aur al primei iubirii!
Ochiul vede cerul deschis,
Inima se bucură în fericire.
Oh, dacă ea ar rămâne mereu verde,
Frumosul timp al iubirii tinereții!

Sau textul unui cântec de cazarmă, *Vizavi de mine este:*

Vizavi de mine este o grădiniță cu flori,
Și-n grădină e o fetiță, ce-o zăresc adeseori.
Dimineața, când se scoală, prinde florile-a le uda;
Și udând din floare-n floare, frumos știe a cânta.
Dar și eu, parcă-i minune, pe fereastră o zăresc;
Parcă sunt făcut anume, pe fetiță s-o iubesc.
Când m-oi libera la anul, și-oi veni în sat la voi,
Să-ți sărut gurița dulce, ochișorii amândoi.

Biblia este remarcabila carte, care se referă la orice domeniu din viața noastră. Ea nu omite nici relația amoroasă dintre doi îndrăgostiți. Mai ales Cântarea cântărilor se preocupă de ea într-un mod deosebit, în capitolul 4:9-11:

Mi-ai răpit inima, soro, mireaso,
mi-ai răpit inima numai cu o privire,
numai cu unul din lănțișoarele de la gâtul tău!
Ce lipici în dezmierdările tale, soro, mireaso!
Dezmierdările tale prețuiesc mai mult decât vinul,
și parfumurile tale sunt mai plăcute decât orice mir.
Miere picură din buzele tale, mireaso,
miere și lapte se află sub limba ta,
și mirosul hainelor tale este ca mirosul Libanului.

În Cântarea cântărilor mai găsim referitor la iubire și o afirmație, în capitolul 3:1:

„L-am căutat pe iubitul inimii mele ..."

Căsniciile ar dura mai mult, dacă tinerii ar pune la inimă această recomandare. Mulți sunt atenți dacă le place corpul celuilalt, dacă figura ei sau a lui este frumoasă, ce culoare are părul sau ochii ... Cât de miop gândesc ei! Biblia este mai profundă: trebuie să iubim întreaga persoană – ceea ce include și spiritul și duhul.

b) O femeie se bucură de primul ei copil

Sau să ne gândim la o altă situație frumoasă din viață, în forma în care numai o femeie o poate experimenta. Ea ține în brațe pentru prima dată un copil, pe care l-a născut ea însăși. Privește și mângâie copilul, și tresaltă de bucurie.

c) Un sportiv de performanță câștigă la olimpiadă medalia de aur

Următorul exemplu ne prezintă o situație pe care numai puțini o trăiesc.

Ca să obțină un premiu la jocurile olimpice, majoritatea participanților au început antrenamentul lor de când erau copii. Și în sfârșit, vine prima zi mult-așteptată. Sunt anunțați câștigătorii, în ordinea clasificării. Primul câștigător se urcă pe podium, se cântă imnul național al țării lui, se înmână buchetul de flori obligatoriu ... Și vine în sfârșit și momentul unic: I se atârnă la gât panglica cu medalia de aur. Totul durează numai câteva minute, apoi se încheie ceremonia. Dar pentru sportiv a fost cel mai mare eveniment din viața lui.

d) Un savant primește premiul Nobel

Premiul Nobel este cea mai înaltă distincție pe care o poate primi un savant pentru rezultatele cercetărilor lui excepționale. Puțini au parte de onoarea de a primi acest premiu, atât de dorit de mulți, din mâna regelui Suediei. Și această zi este unică și aproape irepetabilă.

Pământul: Aceste patru exemple sunt reprezentative pentru multe alte evenimente pe care le-aș putea adăuga. Ar mai fi manifestările de teatru, muzicale și sportive, despre care se vorbește cu pasiune mult timp după desfășurarea lor. Sau să ne gândim la întâlnirile cu persoane din viața noastră, pe care le calificăm drept extraordinare. Ne amintim mult timp de un concediu relaxant și minunat, pe care l-am petrecut într-o țară unde nu mai fuseserăm încă. Toate aceste amintiri le percepem mai întâi cu organele noastre de simț, și apoi le păstrăm în inimile noastre.

Cerul: Conform mărturiei biblice, și cerul este perceput cu organele de simț. Dar atunci când este vorba de lucrurile pe care ni le-a pregătit Dumnezeu, comparând cu tot ceea ce știm, el are caracteristici de o calitate superioară, pe care nu le cunoaște nimeni de pe pământul nostru.

> ***„Ce niciun ochi nu a văzut, nicio ureche nu a auzit și la inima niciunui om nu s-au urcat, este ce a pregătit Dumnezeu celor care-L iubesc“***
> (1 Corinteni 2:9).

Așadar, cerul depășește tot ce se poate imagina și experimenta în lumea aceasta. De aceea, se poate confirma afirmația A1:

> **A1: Pe pământ nu există nimic comparabil cu cerul, în frumusețe și măreție.**

2.2 Comparația dintre pământ și iad

În capitolul precedent am subliniat numai lucrurile frumoase ale vieții de pe pământul acesta. Dar nu există numai lucruri frumoase, ci și rele. Unele evenimente sunt atât de rele, astfel că folosim pentru ele în sens figurat cuvântul „iad“:

1. Dacă cineva are o căsnicie grea și insuportabilă, persoana aceea vorbește de o viață de chin, **ca în iad**.

2. O echipă de cercetători a fost în jungla amazoniană, care nu este încă afectată de poluare, și a fost terorizată de țânțari, malarie și șerpi. Ei au vorbit de **„iadul verde“**.

3. Un credincios cunoscut *(Richard Wurmbrand*) a petrecut 14 ani de tortură în închisorile comuniste. El era izolat într-o celulă situată la 10 m sub pământ, și nu vedea lumina zilei. El percepea șederea lui acolo **ca un iad**; dar când a privit la cana cu apă din ce-

lulă, și-a dat seama că nu este în iad, deoarece acolo nu există nici apă, deși locuitorii lui sunt chinuiți de sete. El a fost răscumpărat mai târziu de credincioșii norvegieni; ceea ce a pus capăt timpului lui de suferință.

4. Ceea ce s-a întâmplat în timpul regimului nazist la Auschwitz, cu iudeii din întreaga Europă și cu susținătorii lor, a fost așa de groaznic, încât se vorbește de **iadul de la Auschwitz**.

Cu toate aceste evenimente groaznice, despre care mass-media relatează permanent, nimic nu se poate compara cu iadul groaznic. Altfel, Isus nu ar fi descris acest loc ca

- un loc de întuneric (Matei 25:30)
- un loc unde scrâșnesc dinții (Matei 25:30)
- un loc unde viermele nu moare (Marcu 9:44)
- un loc unde este o căldură insuportabilă (Luca 16:24)
- un loc unde focul nu se stinge (Marcu 9:43+46)
- un loc de chin etern (Matei 25:46)
- un loc al pierzării (Matei 7:13).

Și **apostolii** descriu iadul în același fel, ca un loc al întunericului, al condamnării și al pierzării:

- *„... sunt dușmani ai crucii lui Hristos; sfârșitul lor este pierzarea“* (Filipeni 3:18-19).
- *„... care cufundă pe oameni în ruină și pierzare“* (1 Timotei 6:9).
- *„Ei vor avea ca pedeapsă o pierzare eternă de la fața Domnului și de la gloria puterii Lui“*

(2 Tesaloniceni 1:8-9).

- *„... cărora le este păstrată negura întunericului“* (2 Petru 2:17).
- *„... puși în lanțuri eterne, în întuneric“* (Iuda 6).
- *„... suferind pedeapsa unui foc etern“* (Iuda 7).
- *„... cărora le este păstrată în eternitate negura întunericului“* (Iuda 13).

Când Isus sau apostolii descriu situațiile negative de pe pământ, ei folosesc cuvinte ca acestea:

- *„... lumea și pofta ei trec ...“* (1 Ioan 2:17).
- *„... toată lumea se află în Cel rău“* (1 Ioan 5:19).
- *„Oh, generație necredincioasă și perversă!“* (Luca 9:41).
- *„Generația aceasta este o generație perversă“* (Luca 11:29).
- *„... ca [Isus Hristos] să ne smulgă din această lume rea“* (Galateni 1:4).
- *„Așa se va întâmpla și cu această lume rea“* (Matei 12:45).
- *„Căci, de oricine se va rușina de Mine și de cuvintele Mele, în această generație pervertită și păcătoasă ...“* (Marcu 8:38).
- *„... în care ați trăit mai înainte, după mersul acestei lumi“* (Efeseni 2:2).
- *„... și să fim salvați de oamenii nebuni și răi“* (2 Tesaloniceni 3:2).

Sunt cuvinte clare și categorice despre situația lumii noastre. Însă Isus nu a vorbit niciodată așa de insistent și de profund despre lume, cum a vorbit despre iad.

Referitor la locuitorii lumii, El face deosebire între

- buni și răi
- drepți și nedrepți
- copiii luminii (Ioan 12:36) și copiii lumii acesteia (Luca 16:8).

„... căci El [Dumnezeu] lasă să răsară soarele Său peste cei răi și peste cei buni, și dă ploaie peste cei drepți și peste cei nedrepți“ (Matei 5:45).

Toți cei care vor ajunge acolo sunt condamnați (Marcu 16:16) și pierduți (1 Corinteni 1:18; 2 Corinteni 4:3).

Astăzi mulți întreabă de ce este atâta suferință în lumea aceasta. În iad această întrebare este pusă permanent. Iadul este un loc unde durerile și suferințele nu încetează niciodată. Este un loc de suferință și chin (Luca 16:24). Deoarece suferința nu încetează, iadul este locul disperării absolute. În eternitate nu este prevăzută nicio întrerupere a suferinței. Nu se întrevede nicio urmă de speranță.

Știind aceasta, oamenii ajung într-o depresie mai profundă și fără sfârșit. În lumea aceasta, atât binele, cât și răul sunt limitate și încetează cândva. În lumea aceasta încetează cândva totul, absolut totul. Aici totul este numai temporar; dincolo este totul definitiv și etern.

Iadul este tot așa de etern, ca și paradisul (Apocalipsa 20:10). Așa a învățat Isus. În Matei 25:41, Isus ne învață și astăzi ce va spune El celor pierduți:

„Duceți-vă de la Mine, blestemaților, în focul etern, care este pregătit Diavolului și îngerilor lui ...“

Iar în ultimul verset din același capitol 25 se spune:

„Și aceștia vor merge în pedeapsa eternă; iar cei drepți vor merge în viața eternă.“

Iubită cititoare și iubit cititor, dacă iei cunoștință de toate aceste lucruri, îți pui desigur câteva întrebări:

De ce nu poate Dumnezeu să primească în cer pe toată lumea, dacă El este un Dumnezeu al dragostei? (La această întrebare răspund în cap. 3.)

A făcut Dumnezeu ceva, pentru ca eu să nu am parte de răul etern? (La această întrebare răspund în cap. 4.)

Dacă într-adevăr există acest iad, de ce nu am fost avertizat de cei care au predicat, să părăsesc calea cea lată? (Răspunsul urmează imediat după aceste întrebări.)

Dacă Dumnezeu este un Dumnezeu iubitor, de ce tolerează El un astfel de iad? De fapt, de ce există iadul? (Dau răspunsul în cap. 4.)

Tragedia timpului nostru este tocmai ceea ce vor să audă oamenii predicându-se în adunările și bisericile lor. Referitor la această comportare, Pavel scrie în 2 Timotei 4:3:

„Căci va veni timpul când oamenii nu vor suporta învățătura sănătoasă ci își vor strânge învățători după poftele lor, care le vor gâdila urechile."

Imaginează-ți că mergem noaptea cu mașina pe un pod lung, din care o parte din el s-a prăbușit. Abia reușim să frânăm înainte de prăpastia aceasta. Ce facem imediat ce am oprit? Pornim sistemul de avertizare a avariei, și așezăm cât mai departe de prăpastie triunghiul reflectorizant pe care-l avem. Pentru ca să-i avertizăm pe ceilalți șoferi de pericolul iminent, stăm în mijlocul șoselei și facem semn cu brațele, ca ei să se oprească.

Exact lucrul acesta îl face și Isus. El singur este cea mai mare lampă de avertizare dinaintea prăpastiei. El a venit în lumea aceasta și ne-a informat referitor la existența acestei prăpastii. Concomitent, prin cuvinte care nu pot fi depășite în avertizarea lor, El ne-a avertizat insistent să nu ajungem acolo:

> *„Dacă deci ochiul tău drept te face să te poticnești, scoate-l și aruncă-l; căci este mai bine pentru tine să moară unul dintre mădularele tale, decât să-ți fie aruncat tot trupul în iad. Și dacă mâna ta dreaptă te face să te poticnești, taie-o și arunc-o; căci este mai bine pentru tine să moară unul dintre mădularele tale, decât să-ți fie aruncat tot trupul în iad"* (Matei 5:29-30).

A vrut Isus să-i determine pe ascultătorii Săi să se teamă de iad? Nicidecum! Intenția Lui a fost întotdeauna să-i ajute pe oameni să nu ajungă în iad. Pe cei care se află pe calea pierzării, El îi cheamă să se întoarcă de pe această cale.

De ce S-a adresat Isus lui Zacheu, care, ca să-L poată vedea, din cauza mulțimii de oameni care-L însoțeau, s-a suit într-un dud? Isus l-a văzut pe vameș pe calea spre prăpastie, s-a oprit lângă dud, și i-a zis: *„Zachee, dă-te imediat jos, căci astăzi trebuie să rămân în casa ta."* (Luca 19:5)
Isus S-a oprit la el ca să-l mântuiască, iar la sfârșitul convorbirii lor, Isus precizează: *„Astăzi casa aceasta are parte de mântuire ..."* (Luca 19:9)
Este remarcabil că la sfârșitul relatării evenimentului cu Zacheu, Isus spune: *„... căci Fiul omului a venit să caute și să mântuiască ce este pierdut."* (Luca 19:10)

Toate adunările trebuie să fie „camere de gardă", pentru ca nimeni să nu se piardă, ci să fie salvat. Noi trebuie să oferim primul ajutor semenilor noștri, spre a conduce pe unii dintre ei pe calea vieții. Aceasta se poate face prin convorbiri cu ei, înmânarea de cărți evanghelistice sau CD-uri și DVD-uri cu predici, și invitații la întrunirile adunărilor conforme cu învățăturile biblice.

3. De ce nu vrea Dumnezeu să primească pe toți oamenii în cer?

După o conferință, un tânăr, vizibil revoltat, a venit la mine cu o notiță. El își notase cinci întrebări, la care căuta răspuns cât mai urgent. Am observat că el fusese atent la conferința care se încheiase și că reflectase la tema tratată de mine. Te bucuri când vezi că vin persoane cu întrebări la care caută un răspuns. Nu am uitat nici până astăzi acele întrebări, căci prin ele, el se referea la nucleul înțelegerii mântuirii. Prin ele, el a pus întrebări reprezentative pentru mulți alții:

„Dacă Dumnezeu este un Dumnezeu atotputernic și plin de iubire, de ce nu acceptă El pe toți oamenii în cer?
Nu este nimeni mai mare peste El, căruia să-i dea socoteală de ce face El. De ce a trebuit să moară mai întâi pe cruce Fiul Său, pentru ca noi să putem ajunge în cer?
De ce a făcut Dumnezeu un efort așa de mare?
Nu se putea și mai simplu? Iar în plus, după un efort așa de mare din partea lui Dumnezeu, numai o minoritate folosește oferta acestei mântuiri."

Aceste întrebări provocative mi-au arătat că el înțelegea parțial calea spre cer, și nu vrea să creadă orbește și fără să reflecteze ce face. A acceptat răspunrăspunsurile pe care i le-am dat, care i s-a părut plauzibile; astfel că el s-a hotărât chiar în seara aceea să-L accepte și să-L urmeze pe Isus.

Răspuns: Dacă citim istoria omenirii, ea poate fi descrisă ca o înșiruire nesfârșită de războaie. Crima fratricidă a lui Cain este debutul unei escaladări a crimei, care nu poate fi oprită.

În toate secolele au fost duse războaie crude și omorâți oameni în toate formele imaginabile posibile. Cruciadele au lăsat după ele o urmă lată de sânge. Din cauza aviditătii după putere și bogăție, la cucerirea Americii de Sud au fost exterminate popoare întregi. Și distrugerea triburilor de amerindieni din America de Nord este un capitol tot așa de groaznic al istoriei lumii.

În noaptea sfântului Bartolomeu (23/24 august 1572), regina *Caterina de Medici* a folosit prezența nenumăraților hughenoți la nunta fiicei ei *Margareta*, cu regele *Henric al IV-lea*, pentru a-i asasina în mod bestial pe hughenoții veniți la nuntă. În Paris au fost omorâți atunci între 2.000 și 3.000 de hughenoți – iar în restul imperiului alte 12.000 până la 30.000 de oameni.

Dezvoltarea tehnică a fost acompaniată de o mașinărie și mai eficace a crimei. Cea mai groaznică escaladare a crimei a avut loc în secolul al XX-lea. Înaintea celor două războaie mondiale a fost propagată ura între popoare (și chiar în poporul german), iar în ele ea a fost practicată. Iar la sfârșitul lor, bilanțul a fost de 50 milioane de morți, o suferință imposibil de descris, și orașe și regiuni complet distruse.

Ideologia național-socialistă a dezvoltat o strategie destructivă, care nu fusese cunoscută până atunci, și care a fost aplicată în mod special poporului evreu. Spre exemplu, în lagărele de exterminare de la Auschwitz, Treblinka, etc. au fost exterminați în camerele de gazare, în mod sistematic, 6 milioane de persoane; apoi cadavrele lor au fost incinerate. Cam atâția locuitori avea Israelul în anul 1998.

În secolul trecut, în multe țări s-a instalat la putere comunismul. În cartea publicată în anul 1997, în Franța, de Stephane Curtois, „Cartea neagră a comunismului", numărul total de victime ale acestei ideologii se estimează la 94 de milioane.

Numai războaiele au cauzat necazuri și suferințe? Până nu demult, în Germania, una din trei căsnicii s-a sfârșit prin divorț. Tendința actuală arată că în curând se va ajunge ca una din două căsnicii să se termine la tribunal. S-ar putea ca bilanțul celorlalte țări să fie altul, dar nu cu mare diferență. Ce necazuri produce lucrul acesta partenerilor căsniciei, dar mai ales copiilor lor! Câte necazuri trebuie îndurate, până când soții se hotărăsc să divorțeze!

Aproape în toate ziarele cotidiene citim zilnic despre corupție, fraudă și crimă involuntară sau premeditată. Delictele criminale umplu coloanele tabloidelor. Minciuna și înșelătoria, adulterul și delictele sau crimele sexuale sunt la ordinea zilei.

Magazinul de știri „Der Spiegel" (Nr. 13 din 23.03.1998, pag. 234) a rezumat escaladarea răului, cu următoarele cuvinte:

„Ne aflăm la sfârșitul unui secol incredibil, ale cărui realizări, ale cărui războaie și catastrofe nu numai că ne-a îndepărtat nemilos pleoapele și ne obligă să stăm cu ochii deschiși și să recunoaștem capacitatea malefică și crudă a omului de a face rău."

Să rezum într-o frază cele spuse mai înainte: *Trăim într-o lume în care caracteristica ei dominantă este păcatul.*

Dar care este cauza tuturor acestor păcate, al căror număr și a cărei natură pot fi numite legiuni? Totul a început cu un singur păcat, în grădina Eden. Dumnezeu îi dăduse totul omului, tot ce-i trebuia. Nu exista nici cea mai mică lipsă. Însă omul s-a decis împotriva poruncii lui Dumnezeu. Așa a început calamitatea acestei lumii, printr-un păcat. El are propria lui lege: un păcat îl produce pe următorul. Nu putem aprecia suficient cât de rea este natura lui. El are o putere distructivă și o posibilitate mare de excaladare și de potențare.

Biblia spune: *„Plata păcatului este moartea ..."* (Romani 6:23). Versetul are o semnificație dublă: Păcatul nu cauzează numai moartea corporală (biologică), ci și pe cea mult mai rea, moartea eternă. Moartea eternă sau a doua moarte (Apocalipsa 20:6) nu înseamnă stingerea existenței, ci continuarea vieții, absolut departe de Dumnezeu.

Toate caracteristicile negative ale acestei lumi, cu suferință și durere, cu boală și moarte, nu au fost prestabilite. Ele au ajuns în lumea aceasta numai din cauza păcatului, ca o urmare a lui. Trebuie să subliniez iarăși: *Un singur păcat este cauza tot răului pe care îl găsim astăzi în lume.*

Ce ar fi dacă Dumnezeu ar tolera *un singur* păcat în cer? Conform legii păcatului, prin efectul lui devastator, el ar distruge și cerul glorios. Acolo unde este pace, bucurie și iubire, ar intra moartea, boala și ura; iar cerul n-ar mai fi cer. Ceea ce Dumnezeu nu vrea, sub nicio formă! De aceea, Dumnezeu a decis: În cer nu va intra niciun păcat – nici măcar unul singur.

Pentru noi este greu imaginabilă starea de absență a păcatului în cer, care este descrisă de Biblie în Apocalipsa 22:3: *„Și nu va mai fi niciun blestem."*

Dumnezeu urăște din cale afară păcatul, din cauza efectului său distrugător. Dar Dumnezeu iubește pe omul care vrea să aibă părtășie eternă cu El. Iar din cauza motivelor deja amintite, nu-l poate accepta în cer cu păcatul său. Un om, cu păcatul lipit de el, nu are ce căuta în cer. Domnul Isus ne-a explicat aceste gânduri prin parabola unei nunți împărătești, în Matei 22:11-13. De aceea, invitatul fără haină de nuntă a fost exclus din sala de nuntă, în întunericul de afară. Cerul nu tolerează niciun păcat și nicio necurăție. În cer este ca și în parabola nunții fiului de împărat; cine nu are haina neprihănirii, nu poate ajunge în cer.

Dar cum noi toți am păcătuit, Dumnezeu are o „problemă mare". Păcatul din lumea aceasta nu poate fi îndepărtat prin nicio măsură reparatorie. Cea mai mare străduință religioasă nu poate îndepărta un singur păcat. Și nici prin fapte, oricât de bune ar fi ele, nu poate fi compensat păcatul. Și omului nu i-a rămas decât o pierzare eternă, departe de Dumnezeu – iar locul acesta blestemat este numit de Biblie iad.

La ceea ce un om nu s-ar fi gândit niciodată, a făcut Dumnezeu pentru noi, în îndurarea Lui. Există numai un diluant unic, care poate dizolva păcatul, iar acesta este sângele lui Isus. De aceea a venit pe pământul acesta Fiul lui Dumnezeu, să trăiască pentru un timp în lumea noastră păcătoasă. La sfârșitul șederii Lui pe pământ, El a trebuit să moară pe cruce, deși era complet fără păcat. Aceasta a fost singura posibilitate de a răscumpăra vina omului. Dumnezeu Se plânge El Însuși, referitor la jertfa necesară: *„... dar tu mi-ai dat de lucru cu păcatele tale și M-ai obosit cu nelegiuirile tale“* (Isaia 43:24b).

Ce mai rămâne să facă omul? Noi nu putem adăuga nimic lucrării de mântuire a lui Isus. Cum noi am fost creați cu o voință liberă, nimeni nu primește această mântuire împotriva voii sale sau în mod automat. În hotărârea noastră liberă, noi cerem iertare, pe baza sângelui vărsat al lui Isus. Numai el aduce eliberarea de păcat. Dacă poarta cerului este închisă sau deschisă pentru noi în mod personal, depinde numai de comportarea noastră față de persoana Domnului Isus: *„Cine are pe Fiul [lui Dumnezeu], are viața [eternă]; cine nu are pe Fiul lui Dumnezeu, nu are viața [eternă]“* (1 Ioan 5:12).

În Ioan 3:36, lucrul acesta este formulat așa de clar: *„Cine crede în Fiul, are viața eternă; dar cine nu crede în Fiul, nu va vedea viața; ci mânia lui Dumnezeu rămâne peste el“* (Ioan 3:36).

4. A făcut Dumnezeu ceva, ca eu să nu ajung în pierzare?

În acest capitol explic care este situația noastră înaintea lui Dumnezeu. Dumnezeu ne arată pierzarea noastră, dar și acțiunea de salvare realizată de El. Voia lui Dumnezeu este să ajungem în împărăția cerurilor, și nu să pierim:

„Doresc Eu moartea păcătosului – zice Domnul Dumnezeu. Nu doresc Eu mai mult ca el să se întoarcă de pe căile lui, și să trăiască?“ (Ezechiel 18:23).

Singurul motiv al mântuirii Lui este dragostea Lui nelimitată: *„Fiindcă atât de mult a iubit Dumnezeu lumea, că a dat pe singurul Lui Fiu, ca oricine crede în El să nu piară, ci să aibă viața eternă“* (Ioan 3:16).

Prin căderea în păcat a lui Adam, întreaga omenire a ajuns sub blestemul păcatului: *„De aceea, după cum printr-un om a intrat păcatul în lume, și prin păcat a intrat moartea, și astfel moartea a trecut asupra tuturor oamenilor, din cauză că toți au păcătuit ...“* (Romani 5:12).

Păcatul a cuprins astfel pe toți oamenii. În toată istoria omenirii nu există nicio excepție de la această stare. Lucrul acesta ne este demonstrat în multe locuri din Biblie:

- *„... căci nu este niciun om care să nu păcătuiască ...“* (1 Regi 8:46).

- *„Toți am ajuns necurați; și toate faptele noastre bune sunt ca o haină mânjită ...“* (Isaia 64:6).
- *„Domnul ... nu lasă nepedepsit pe cel rău“* (Naum 1:3).
- *„Nu este nicio deosebire, căci toți au păcătuit și sunt lipsiți de gloria lui Dumnezeu“* (Romani 3:22b-23).

Într-un șir lung de promisiuni, Dumnezeu anunță în Vechiul Testament un Mântuitor. Prima promisiune o face Dumnezeu imediat după căderea în păcat:

„Dușmănie voi pune între tine și femeie, între sămânța ta și sămânța ei: El îți va zdrobi capul, și tu îi vei zdrobi călcâiul“ (Geneza 3:15).

Aici este menționată numai o mică selecție a celorlalte anunțuri:

- *„Tresaltă de bucurie, fiica Sionului! Strigă de bucurie, fiica Ierusalimului! Iată că* Împăratul tău vine la tine; El este drept și biruitor, smerit și călare pe un măgar, pe un mânz, pe mânzul unei măgărițe“ (Zaharia 9:9).
- *„Căci un* ***Copil*** *ni S-a născut, un Fiu ni S-a dat, și domnia va fi pe umărul Lui; Îl vor numi: Minunat, Sfetnic, Dumnezeu tare, Părintele veșniciilor, Domn al păcii“* (Isaia 9:6).
- *„O voce strigă: „Pregătiți în pustiu calea Domnului, neteziți în locurile uscate un drum* ***Dumnezeului*** *nostru!“* (Isaia 40:3).
- *„Iată vin zile, zice Domnul, când voi ridica lui* ***David*** *un* ***lăstar*** *drept. El va împărăți, va lucra cu în-*

țelepciune și va face dreptate și judecată în țară" (Ieremia 23:5).

- *„Însă El suferințele noastre le-a purtat, și durerile noastre le-a luat asupra Lui; și noi am crezut că este pedepsit, lovit de Dumnezeu și smerit. Dar El era străpuns pentru păcatele noastre, zdrobit pentru fărădelegile noastre.* ***Pedeapsa*** *care ne dă pacea* ***a căzut peste El****, și prin rănile Lui suntem vindecați"* (Isaia 53:4-5).

În ceea ce urmează vreau să examinăm pas cu pas condițiile mântuirii:

4.1 Trebuie să recunoaștem necesitatea mântuirii

Dacă cineva vrea să ne scoată din mlaștină, atunci trebuie să stea el însuși pe un teren solid. Cunoaștem lucrul acesta din nenumărate întâmplări din lumea noastră:

- Dacă ne **scufundăm în mlaștină**, nu ne putem elibera singuri. Dacă nu ne ajută nimeni, atunci murim.
- Dacă am **căzut într-o fântână**, avem nevoie de ajutor din afară. Trebuie ca cineva să ne ajute să ieșim din ea.
- Pe data de 24 octombrie 1963 s-a produs un **accident minier** în orașul **Lengende**, în Saxonia de jos, nu departe de Braunschweig, în care au murit 29 de mineri. El a devenit cel mai cunoscut accident minier, deoarece după 14 zile de la accidentul minier au fost salvați 11 mineri. S-a forat de la supra-

față un puț de 58 de m adâncime, cu ajutorul căruia s-a ajuns exact în locul unde se refugiaseră ei. Cu ajutorul unei cabine de lift cilindrică, așa-numita „bombă Dahlbusch“, ei au putut fi scoși la suprafață, unul câte unul.

- Pe 12 august 2000 s-a scufundat la o adâncime de 108 m **submarinul rusesc Kursk**, cu tracțiune atomică, în Marea Polară de Nord (Marea Barents), la 150 de km de portul lui de staționare. Era cel mai mare submarin polivalent din lume, dotat cu două reactoare nucleare. Cum nu a ajuns la ei nimeni de afară să-i salveze, toți cei 118 marinari au murit.

Deoarece noi oamenii suntem toți păcătoși, nu putem să ne eliberăm noi singuri de păcat. Am putea spune că ne aflăm toți într-o închisoare, din care nu nu putem să evadăm, decât cu ajutorul cuiva din afara închisorii. Deci avem nevoie de un Eliberator sau Mântuitor.

Aspectul absenței păcatului Mântuitorului are o mare importanță. Se observă clar din situațiile din lume: Cine are el însuși datorii, nu poate să preia datoriile altuia.

Am găsit prin aceasta **prima condiție** pe care trebuie să o îndeplinească un Mântuitor: ***El trebuie să fie inaccesibil păcatului, adică să fie fără păcat!***

4.2 Păcatul a intrat întâi în omul Adam

Păcatul a venit în lume prin primul om Adam. De aceea și Mântuitorul a trebuit să devină un om ca noi: *„Dar când s-a împlinit timpul stabilit, Dumnezeu a trimis pe Fiul Său, născut de femeie, născut sub lege, ca să răscumpere pe cei care erau sub lege; ca să primim înfierea"* (Galateni 4:4-5).

De aceea Mântuitorul a trebuit să devină om, exact ca și noi, expus puterii păcatului. Ca locțiitor, El trebuia să ia asupra Lui pedeapsa lui Dumnezeu pentru păcat: *„Căci lucrul imposibil legii, întrucât prin carne ea era fără putere, Dumnezeu a condamnat păcatul în carne, trimițând din cauza păcatului pe Însuși Fiul Său, într-o natură asemănătoare cărnii păcătoase ..." (Romani 8:3)*

A doua condiție pe care trebuie să o îndeplinească Mântuitorul este: ***El trebuie să fie om!***

4.3 Păcatul atrage după sine o pedeapsă eternă

După concepțiile noastre omenești, cine încalcă legea trebuie să plătească:

- Cine parchează neregulamentar, trebuie să plătească o amendă de X lei.
- Cine trece prin intersecție pe roșu, plătește o amendă x și primește y puncte de penalizare.
- Cine a făcut un accident rutier și fuge de la fața locului, plătește mult mai mult. I se retrage permisul de conducere pentru o perioadă de timp și-i cresc punctele în registrul de penalizare.
- Spre exemplu, cine este acuzat de șantaj, crimă involuntară sau de alte delicte grave, trebuie să

se aștepte că va face închisoare. Pedeapsa pentru crimă este condamnare pe viață, iar în SUA chiar și pedeapsa cu moartea.

Aceste exemple dovedesc clar principiile juridice:

- Mărimea pedepsei depinde de gradul infracțiunii.
- Jurisprudența este diferită de la țară la țară.
- Toate pedepsele aplicate în lumea aceasta – inclusiv pedeapsa cu moartea – nu au decât un efect limitat. Plata amenzii compensează infracțiunea; iar în cazul unei pedepse cu închisoare, vine momentul când infracțiunea a fost „ispășită".

Toate conceptele noastre juridice după care se pedepsesc infracțiunile eșuează, când vrem să le aplicăm în cazul pedepsei lui Dumnezeu pentru păcat. Trebuie ținut cont de următoarele considerații:

- Conform legii lui Dumnezeu, păcatul se pedepsește cu moartea. *„Plata păcatului este moartea (eternă) ..."* Însă bine că același verset continuă: *„... dar darul lui Dumnezeu este viața eternă, în Isus Hristos, Domnul nostru"* (Romani 6:23).
- Deja un singur păcat ne face vinovați înaintea lui Dumnezeu, căci Isus învață în predica de pe munte: *„... oricine-i va zice: „Nebunule!", va cădea sub pedeapsa focului gheenei"* (Matei 5:22). Putem să înțelegem așa ceva? Este incredibil! Un singur păcat are imediat drept consecință pierzarea eternă. Ca exemplu, folosesc următoarea ilustrație: Dacă dintr-un lanț se rupe o singură za, el nu mai poate fi folosit la lungimea lui inițială.

- Dacă cineva s-ar strădui să împlinească toate poruncile lui Dumnezeu, și încalcă una singură, pentru Dumnezeu el este ca unul care a încălcat toate poruncile: *„Căci dacă păzește cineva toată legea, și greșește într-o singură poruncă, se face vinovat de toate“* (Iacov 2:10).

- Jurisdicția lui Dumnezeu este pentru toți oamenii la fel. Nu există diferență de țară sau clasă. Nimeni nu este avantajat sau dezavantajat. Este valabil principiul explicat în Romani 2:11-12: *„Căci la Dumnezeu nu contează persoana. Toți cei care au păcătuit fără lege, vor pieri fără lege; și toți cei care au păcătuit având lege, vor fi judecați după lege.“*

- Contrar pedepselor legale, care sunt limitate la un anumit timp oarecare, păcatul are drept consecință o *pedeapsă eternă*. Este esențial să ne însușim acest gând. Poate că este cel mai greu să acceptăm acest principiu. Învățăturile inventate de oameni, cum ar fi învățătura împăcării tuturor sau cea a *purgatoriului*, nu sunt decât răzvrătiri împotriva principiului de judecată al lui Dumnezeu. Nu se acceptă că păcatul, pentru care este prevăzută pedeapsa eternă, este îndreptat întotdeauna împotriva Dumnezeului etern și sfânt: ***„Și aceștia vor merge în pedeapsa eternă, iar cei drepți vor merge în viața eternă“*** (Matei 25:46).

Noi considerăm acest ultim punct referitor la jurisdicția lui Dumnezeu ca foarte dur și ne simțim zdruncinați de el, dar nu ne putem opune cu nimic realității lui. Ne aflăm în starea păcătosului pierdut, aleargă direct în prăpastie.

Deși Dumnezeu se mânie pe păcat, Lui îi este însă milă de păcătoșii care se îndreaptă spre El. Deja prin prorocul Isaia, Dumnezeu ne face cunoscută îndurarea Sa: *„... dar tu mi-ai dat de lucru cu păcatele tale și M-ai obosit cu nelegiuirile tale. Eu, Eu îți șterg fărădelegile pentru Mine, și nu-Mi voi mai aminti de păcatele tale“* (Isaia 43:24b-25).

Este valabilă concluzia justă a cărturarilor, relatată în Marcu 2:7b: *„Cine poate să ierte păcatele, decât numai Unul, Dumnezeu?“*

Conform etalonului divin, pedeapsa eternă este justă, dreaptă, chiar dacă ea se abate de la percepția noastră juridică. Aici se confirmă că gândurile noastre nu sunt identice cu gândurile lui Dumnezeu, și căile Lui sunt superioare căilor noastre (Isaia 55:8-9). Respectuoși, trebuie să recunoaștem că avem nevoie de El, Care, prin har, ne eliberează de orice păcat și ne iartă vina. Altfel, suntem pierduți în mod etern. Trebuie neapărat să-L găsim pe Acela care ne oferă iertare numai prin har. Iar așa ceva nu poate face decât un Dumnezeu. Și astfel, am găsit ***a treia condiție*** a Mântuitorului:

El trebuie să fie Dumnezeu!

4.4 Soluția

Acum am găsit cele trei condiții necesare și obligatorii ale Mântuitorului de care avem nevoie:

Condiția 1: ***El trebuie să fie om!***
Condiția 2: ***El trebuie să fie Dumnezeu!***
Condiția 3: ***El trebuie să fie fără păcat!***

Cum este posibil să fie îndeplinite aceste trei condiții grele în același timp?

Prin excludere putem să spunem deja:

- Mântuitorul nu poate fi niciunul dintre noi. Noi îndeplinim numai a doua condiție – dar nu suntem fără păcat și nu suntem nici Dumnezeu.
- Și nici nu poate fi un înger. Îngerii îndeplinesc numai condiția a treia – sunt fără păcat – dar ei nu sunt om și nici Dumnezeu.

Numai Dumnezeul atotputernic poate să rezolve acest paradox, care pentru noi este de nerezolvat. În Luca 1:37 citim: *„Căci la Dumnezeu niciun lucru nu este imposibil."*

Care este însă răscumpărarea divină? Este un lucru interesant; niciun om nu și-ar fi imaginat soluția aceasta.

Numai în persoana Domnului Isus au fost îndeplinite cele trei condiții necesare și obligatorii.

Prezint acum în altă ordine cele trei condiții necesare și obligatorii ale Mântuitorului.

4.4.1 Mântuitorul trebuie să fie om

Dacă Mântuitorul trebuie să fie om, atunci, drept consecință, El trebuie să fie născut de o femeie. Și exact așa citim în Galateni 4:4: *„Dar când a venit împlinirea timpului, Dumnezeu a trimis pe Fiul Său, născut de femeie, născut sub lege ...“*
Femeia aleasă de Dumnezeu pentru împlinirea acestei condiții a fost Maria. În mod cert, ea a fost o femeie deosebită, deoarece ea trăia într-o ascultare exemplară de Dumnezeu. Lucrul acesta este mărturisit în puținele texte biblice referitoare la Maria:

„Iată, roaba Domnului; să mi se facă după cuvântul tău!“ (Luca 1:38)
„Sufletul meu Îl înalță pe Domnul“ (Luca 1:46).
„Să faceți orice vă va zice El!“ (Ioan 2:5)

În timp ce majoritatea ucenicilor au fugit, atunci când a fost crucificat Isus, Maria a rămas aproape de El. Isus o încredințează lui Ioan, cu cuvintele: *„Iată, mama ta!“* (Ioan 19:27)

4.4.2 Mântuitorul trebuie să fie Dumnezeu

Dar Mântuitorul trebuia să fie în același timp și Dumnezeu. Cum pot fi compatibile cele două stări extreme? Noul Testament ne descrie acest secret, cum s-a unit omenescul cu divinul, în Luca 1:35:

„Spiritul Sfânt Se va coborî peste tine, și puterea Celui preaînalt te va umbri. De aceea, Sfântul care Se va naște din tine va fi numit Fiul lui Dumnezeu."

De aceea Isus a fost singurul care a avut o mamă omenească, dar niciun tată omenesc. Astfel, El a fost concomitent om și Dumnezeu.

Scrisoarea lui Pavel către Filipeni exprimă în mod vizibil cum Dumnezeu a devenit om:

„Care, deși avea înfățișarea lui Dumnezeu, nu a considerat ca o pradă, să fie egal cu Dumnezeu, ci S-a făcut pe El Însuși nimic, și a luat o înfățișare de rob, devenind asemenea oamenilor; și la înfățișare a fost găsit ca un om ..." (Filipeni 2:6-7).

Prin aceasta, Isus a fost în timpul cât a fost pe pământ **om adevărat** și **Dumnezeu adevărat**. El a fost concomitent *Fiul omului* și *Fiul lui Dumnezeu*.

- El a fost obosit, după o zi grea (Ioan 4:6).
- I-a fost foame și sete (Matei 21:18; Ioan 19:28).
- S-a întristat în spiritul Său (Ioan 13:21).
- Picioarele Lui erau pline de praf (Luca 7:44).
- El a mers călare pe un măgăruș (Ioan 12:14).

În același timp El era Fiul lui Dumnezeu, și a putut să spună: *„Cine M-a văzut pe Mine, a văzut pe Tatăl"* (Ioan 14:6).

În textul citat din Filipeni 2:6-7, se mărturisește că Isus a venit la noi ca Om, și în același timp, El era și Dumnezeu:

„Care, deși avea înfățișarea lui Dumnezeu, nu a considerat ca o pradă, să fie egal cu Dumnezeu, ci S-a făcut pe El Însuși nimic, și a luat o înfățișare de rob, devenind asemenea oamenilor; și la înfățișare a fost găsit ca un om ..."

Conform acestei afirmații, cât timp a fost pe pământ, Isus a renunțat la puterea Lui nelimitată, respectiv nu a practicat-o. Autoritatea Lui a fost limitată, El trăind într-o dependență totală de Dumnezeu, care lucra prin El. Căci în Faptele apostolilor 2:22, citim:

„Pe Isus Nazarineanul, acest Om, despre care Dumnezeu a depus mărturie înaintea voastră, prin minunile, semnele și lucrările pline de putere pe care le-a făcut Dumnezeu prin El în mijlocul vostru, după cum bine știți ..."

În evanghelia după Ioan, Isus Însuși subliniază de mai multe ori că El nu poate face nimic fără Tatăl (vezi Ioan 5:19,30; 8:28; 12:49; 14:10). Dar El putea face totul împreună cu Tatăl:

- El a putut să oprească furtuna puternică și talazurile de pe lacul Ghenezaret.
- El a putut să meargă pe apă și nu S-a scufundat.
- El a putut să înmulțească pâinea și să transforme apa în vin.
- El a putut să învie pe cei morți.
- El a putut să vindece orice boală și să izgonească demoni.

El a fost Singurul care a putut să spună:

- *„Toată puterea Mi-a fost dată în cer și pe pământ“* (Matei 28:18).
- *„Eu sunt Alfa și Omega, Începutul și Sfârșitul ... Care este, Care era și Care vine, Atotputernicul“* (Apocalipsa 1:8).
- *„Eu sunt Învierea și Viața“* (Ioan 11:25).
- *„Eu sunt Ușa“* – iar prin aceasta El S-a referit la ușa spre cer (Ioan 10:7).

Ca Fiu al lui Dumnezeu, El nu a folosit puterea Lui pentru El Însuși, în mod ușuratic sau ca să arate ce poate El. Când a fost pe cruce I-a fost sete – ar fi putut să cheme 1000 de îngeri care să-I slujească, însă El n-a făcut nimic pentru El Însuși.

4.4.3 Mântuitorul trebuie să fie fără păcat

Biblia prezintă **absoluta lipsă de păcat a Domnului Isus**.

Este remarcabil modul cum exprimă același lucru fiecare dintre apostoli, în funcție de structura personalității lui individuale.

Ioan a fost ucenicul a cărui gândire era caracterizată de o prudență și o profunzime remarcabilă. De aceea, Domnul l-a folosit ca să ne prezinte natura lui Dumnezeu: Dumnezeu este spirit (Ioan 4:24), Dumnezeu este lumină (1 Ioan 1:5), Dumnezeu este dragoste (1 Ioan 4:8). De aceea este de la sine înțeles, că acest apostol afirmă că în natura lui Isus nu este păcat: *„Și **în El** nu este păcat“* (1 Ioan 3:5).

Pe **Petru**, pescarul experimentat din Galileea, îl întâlnim mereu în Noul Testament ca pe un om al acțiunii. De aceea, evanghelia după Marcu, „influențată mult" de Petru, este numită și evanghelia acțiunii. Ca un om al acțiunii, Petru mărturisește despre starea fără păcat a lui Isus: *„... Care nu a făcut niciun păcat ..."* (1 Petru 2:22).

Pavel era un erudit, care studiase la picioarele celebrului Gamaliel (Faptele apostolilor 22:3). Iar ca savant, pentru el este importantă cunoștința; de aceea el vorbește despre Isus, ca de Unul *„... care* ***nu a cunoscut*** *niciun păcat ..."* (2 Corinteni 5:21).

CONCLUZIE: Acum putem să fim siguri: Isus este singurul Mântuitor, trimis de Dumnezeu. El îndeplinește toate condițiile lui Dumnezeu, și numai de aceea a putut să spună: *„Am venit să chem la pocăință ... pe păcătoși ..."* (Matei 9:13b).
Faptul că mântuirea se realizează numai prin El, este atestat de mai multe dovezi ale Noului Testament:

„Eu sunt Calea și Adevărul și Viața; nimeni nu vine la Tatăl, decât prin mine" (Ioan 14:6).

„În nimeni altul nu este mântuire, căci nu este sub cer niciun alt nume dat oamenilor, în care trebuie să fim mântuiți" (Faptele apostolilor 4:12).

„Cine crede în Fiul (lui Dumnezeu), are viața eternă; dar cine nu crede în Fiul, nu va vedea viața; ci mânia lui Dumnezeu rămâne peste el" (Ioan 3:36).

„Și mărturia este aceasta: Dumnezeu ne-a dat viață eternă, și această viață este în Fiul Său. Cine are pe Fiul, are viața; cine nu are pe Fiul lui Dumnezeu, nu are viața“ (1 Ioan 5:11-12).

„Adevărat, adevărat vă spun: Cine ascultă cuvintele Mele, și crede în Cel care M-a trimis, are viața eternă și nu vine la judecată, ci a trecut din moarte la viață“ (Ioan 5:24).

„Căci nu este nicio deosebire între iudeu și grec; căci toți au același Domn, care este bogat în îndurare, pentru toți cei care-L cheamă. Căci „oricine va chema Numele Domnului, va fi mântuit“ (Romani 10:12-13).

„Dacă mărturisești deci cu gura ta pe Isus ca Domn, și dacă crezi în inima ta că Dumnezeu L-a înviat din morți, vei fi mântuit. Căci prin credința din inimă se primește dreptatea, și cu gura se mărturisește spre mântuire ... (Romani 10:9-10).

5. Câteva caracteristici ale cerului

5.1 Cerul – locul dragostei eterne

Natura lui Dumnezeu este dragoste; de aceea și cerul este locul dragostei eterne. Caracteristicile principale ale unui credincios sunt credința, speranța și dragostea, *„dar cea mai mare dintre ele este dragostea"* (1 Corinteni 13:13).

Credința și *speranța* durează până în eternitate – când Îl vom vedea pe Hristos – *„însă dragostea nu va înceta niciodată"* (1 Corinteni 13:8).

Cea mai mare dragoste a dovedit-o Însuși Domnul, prin aceea că El, Care era Dumnezeu, S-a făcut om și a murit pe cruce în locul nostru, pentru noi, păcătoșii:

„Nimeni nu are o dragoste mai mare decât aceasta, ca cineva să-și dea viața pentru prietenii săi" (Ioan 15:13).

Iar El ne-a dat porunca să ne iubim. Spectrul este larg, începe cu frații de credință și se încheie cu dușmanii noștri.

Nimeni nu poate fi un creștin adevărat, dacă nu-L iubește din inimă pe Hristos. Domnul dă un semn de recunoaștere al celor care-L iubesc: *„Dacă Mă iubește cineva, va păzi Cuvântul Meu ..."* (Ioan 14:23).

Isus nu l-a întrebat pe Petru despre cunoștința și elocvența sa, ci dacă-L iubește: *„Mă iubești tu …"* (Ioan 21:17).

Adesea oamenii renunță la ce le place, dar niciodată la ce iubesc din inimă. Pot să nege convingerea lor rațională, însă niciodată ceea ce este ancorat adânc în inima lor.

Predicatorul englez *C.H. Spurgeon* (1834-1892) recomanda ascultătorilor săi: „Cât mai trăiți, faceți totul din dragoste pentru Hristos. Puneți să lucreze degetele dragostei, creierul dragostei, ochii dragostei, mâinile dragostei; luptați-vă cu dragoste, rugați-vă cu dragoste, vorbiți cu dragoste, trăiți în dragoste".

Cerul este locul dragostei desăvârșite. Dumnezeu Însuși este dragostea personificată, și cerul este plin de ea.

Un băiat a fost întrebat ce este paradisul. El a cunoscut în mod corect natura cerului: „Locul unde fiecare iubește pe oricine!"

5.2 Cerul – locul frumuseții

Referitor la creația aceasta, Isus spune în predica de pe munte: ***„Și de ce vă îngrijorați de îmbrăcăminte? Priviți cum cresc crinii câmpului; ei nu muncesc și nici nu torc; dar Eu vă spun: Nici însuși Solomon, în toată gloria lui, nu era îmbrăcat ca unul dintre ei"*** (Matei 6:28-29).

În dragostea Sa pentru frumusețe, Creatorul a creat ceea ce niciun om nu poate crea. Deci Dumnezeu este Autorul oricărei frumuseți.

Dumnezeu l-a binecuvântat pe Iov, după tot necazul lui. *„I s-au născut 7 băieți și 3 fete; primei i-a pus numele Iemima (Porumbița), celei de-a doua Cheția (Floare de scorțișoară) și celei de-a treia Cheren-Hapuc (Trusă de machiaj). În toată țara* ***nu erau femei așa de frumoase*** *ca fetele lui Iov. Tatăl lor le-a dat o parte de moștenire printre frații lor"* (Iov 42:13-15).

Despre Isus Însuși, Creatorul tuturor lucrurilor, se spune în Psalmul 45:2: *„Tu ești mai frumos decât copiii oamenilor; buzele tale sunt binecuvântate; de aceea Te-a binecuvântat Dumnezeu în eternitate."*

Însă la cruce, El a suportat plata pentru păcatele oamenilor, și a trebuit să moară. Ca semn vizibil, I-a fost luată și frumusețea, așa cum citim în Isaia 53:2: *„N-avea nici înfățișare, nici frumusețe, care să ne atragă privirile, și niciun aspect care să ne placă."*

Dar din eternitate Isus era însă numit frumos și desăvârșit. În Isaia 33:17 se spune despre El: *„Ochii tăi Îl vor vedea pe Împărat, în frumusețea Lui".*

Așa cum exprimă și cântarea de mai jos:

Preaiubitul meu e Unul,
fără seamăn pe pământ.
[: Glasul Lui e armonie,
farmec e al Lui Cuvânt. :]

Orice drum pe unde trece,
de miresme-alese-i plin.
[: Câmpu-i mai frumos pe-acolo,
cerul este mai senin. :]

Dulcea Lui înfățișare
este-ntreag-un farmec sfânt.
[: Mii de primăveri vin parcă,
toate-odată pe pământ. :]

Preaiubitul meu e Isus,
nimenea asemeni nu-i.
[: Cât ați da de L-ați cunoaște,
ca să fiți și voi ai Lui? :]

Dacă în această creație se poate vedea și recunoaște dragostea lui Dumnezeu deja la fiecare fulg de zăpadă, la crini, orhidee și nenumărate flori sau la penajul bogat multicolor al anumitor păsări și la aripile colorate ale fluturilor, în mii de variante, cu cât mai mult va fi frumusețea un atribut caracteristic al cerului!

Mulți oameni caută fericirea aici, pe pământ. În ultimul timp, ca niciodată până acum, sunt solicitați și plătiți exorbitant chirurgii care îndepărtează ridurile de pe față și încearcă să ajute operativ frumuseții. Cresc tot mai mult afacerile industriei specializate în fabricarea și folosirea produselor de păstrare și susținerea a frumuseții. Însă chiar și femeile încoronate ca regine ale frumuseții își pierd cu timpul frumusețea. Aici, pe pământ, totul este supus deșertăciunii (Romani 8:20).

Împărăteasa Sissi din Austria (1837-1898) era considerată în secolul XIX ca cea mai frumoasă femeie din Europa. Ea era însă atât de vanitoasă, astfel că, începând de la 30 de ani, nu a vrut să mai fie pictată, și cu atât mai puțin fotografiată.

Scriitoarea *Annelie Fried* scria: „Moderatoarele ajung la 40 de ani la termenul lor de expirare; după aceea națiunea din fața tembelizorului le numără ridurile."

Dar cerul este locul unde frumusețea nu este perisabilă. Toți cei care ajung acolo vor avea corpuri frumoase și care vor rămâne frumoase uitată în cer. Dacă conform declarațiilor din Noul Testament, noi vom fi asemenea Domnului Isus Hristos (1 Ioan 3:2), atunci nici frumusețea nu este. Expresia folosită, să arăți *etern tânăr*, este insuficientă în descrierea adecvată a cerului.

5.3 Cerul – o sărbătoare permanentă

Cum ne pregătim noi pentru o sărbătoare?
Premiile anuale Oscar din anul 1998 au fost decernate la Los Angeles, pe data de 23 martie. A fost o gală a premierii filmelor, la care au fost invitați foști laureați ai premiului Oscar, sponsori și nenumărați artiști. Pentru filmul Titanic au fost înmânate 11 premii. S-a atins recordul precedent „Ben Hur", dar nu a fost depășit.

O revistă descria stresul dinainte de înmânarea premiilor Oscar astfel:

cu trei luni înainte: rezervarea programării la coafor
cu o lună înainte: clinica de cosmetică
cu 10 zile înainte: aranjarea părului
cu 3 zile înainte: bronzare artificială

În ziua premierilor Oscar:

dimineața: exerciții fizice, duș, mic dejun
prânz: coafură
după-amiază: machiaj
ora 16:00 fix: invitații trebuie să fie deja în sală

Apoi se închid ușile.
Și zarurile au fost aruncate.
Încep premierile Oscar ...

După cum arată exemplul acesta, pregătirea unei celebrări de numai câteva ore poate dura mult timp. Tot efortul este destinat desigur frumuseții. În lumea aceasta totul este expus degradării, iar frumusețea dispare. Efortul și prețul pentru compensarea ei prin mijloace artificiale și retușări cresc proporțional, odată cu vârsta. În cer nu mai sunt necesare aceste lucruri, căci toți vom fi și vom rămâne frumoși. Vom fi frumoși la superlativ, adică *divini*, ca Dumnezeu.

Despre Isus se spune deja în Vechiul Testament: *„Domnul împărățește, El S-a îmbrăcat cu măreție ...“* (Psalmul 93:1). El este *„Domnul gloriei“* (Iacov 2:1).

În Ioan 17:22, El Se roagă Tatălui: *„Eu le-am dat gloria pe care Mi-a dat-o Tu ...“* În cer s-a împlinit pentru noi și lucrul acesta.

Acolo nu mai sunt necesare eforturi sau cheltuieli pentru îmbunătățirea aspectului nostru.

Iar acum apare problema. Cum poate Dumnezeu să ne prezinte pe înțelesul nostru gloria și sărbătoarea cerului?

Isus Se folosește de o parabolă: *„Împărăția cerurilor se aseamănă cu un împărat, care a făcut nuntă fiului său“* (Matei 22:2). Nunta este una dintre cele mai frumoase sărbători de pe pământ. Se pregătește totul, până la cel mai mic detaliu:

- Se invită prietenii doriți.
- Se servesc cele mai bune meniuri și băuturi.
- Au loc conversații amicale.
- În timpul conversațiilor nu este amintită nicio problemă.
- Mireasa s-a îmbrăcat cu cea mai frumoasă rochie.
- Toată lumea este bine dispusă.

În această imagine familială, Isus ne prezintă cerul ca o masă festivă de o frumusețe excepțională. La inaugurarea Cinei, El le-a spus ucenicilor Săi: *„De acum încolo nu voi mai bea din acest rod al viței, până în ziua aceea, când îl voi bea cu voi nou, în împărăția Tatălui Meu“* (Matei 26:29).

Iar acum urmează surpriza: Cerul nu este comparat numai cu o nuntă, ci în el va avea loc o masă festivă de nuntă reală. Despre ea este scris în Apocalipsa 19:7: *„Să ne bucurăm, să ne înveselim și să-L onorăm, căci a venit nunta Mielului, și soția Lui s-a pregătit.“*

Mirele este Însuși Isus, iar mireasa sunt toți cei mântuiți prin El.

Invitații se pot considera fericiți: *„Ferice de cei invitați la masa nunții Mielului!"* (Apocalipsa 19:9)

5.4 Cerul – locul unde este Isus

Există unele întâlniri istorice, cu consecințe mari. Spre exemplu, în Europa, porzelanul a fost fabricat după întâlnirea dintre fizicianul *Ehrenfried Walther von Tschirmhaus* (1651-1708) cu alchimistul *Johann Friedrich Böttger* (1682-1719).

În anul 1707 a avut loc o întâlnire istorică în Saxonia, în timpul domniei lui *Frederick August*. Unul era matematician și fizician, *Ehrenfried Walther von Tschirmhaus*. El studia comportarea materialelor la temperatură înaltă, pe care o realiza cu ajutorul unor lentile mari. Celălalt, *Johann Friedrich Böttger*, era alchimist. El experimenta diferite mixturi, din care în final urma să extragă aur. Cum experimentele lui de obținere a aurului au eșuat, în anul 1701 a fugit din Prusia la Dresda, la regele *Frederick August.* Noile lui încercări de obținere a aurului erau costisitoare. Însă din întâlnirea celor doi a rezultat ceva cu totul nou. Cu ajutorul temperaturii realizate de Tschirmhaus prin metoda lui, el a reușit să aducă mixturile lui *Böttger* la temperatura de topire; și astfel a fost inventat și produs în Europa porțelanul alb. Cei doi au găsit împreună „aurul alb". În anul 1710 a fost prezentat prima dată la expoziția de la Leipzig porțelanul produs de ei și a fost înființată manufactura porțelanului din Meißen.

Dar și în zilele noastre, printr-o întâlnire neprevăzută, poate rezulta ceva deosebit, mai ales când este călăuzirea lui Dumnezeu. Se întâlnesc doi oameni, care nu s-au văzut niciodată. Cad de acord într-un lucru oarecare, și procedează cum au stabilit. Ceea ce are efecte deosebit de mari.

Însă întâlnirea cu cele mai profunde urmări este atunci când omul Îl întâlnește pe Dumnezeu. Atunci el găsește în Isus viața eternă.

Biblia ne dă numeroase exemple.

Zacheu, vameșul-șef din Ierihon, a căutat să-L vadă pe Isus. Dar și Isus l-a căutat pe el. După ce a intrat Mântuirea (Isus) în casa lui, Zacheu a devenit cu adevărat un fiu al lui Avraam, adică, a fost mântuit (Luca 19:1-10).

Ministrului de finanțe etiopian, care venise la Ierusalim să se închine, și-și cumpărase cartea prorocului Isaia, i se predică Evanghelia lui Isus, și este mântuit (Faptele apostolilor 26:12-18). Fiind încredințat de mântuirea lui, el se întoarce bucuros în țara sa.

După întâlnirea cu Isus, Saul sau Pavel, dintr-un persecutor al credincioșilor, a devenit cel mai mare misionar al tuturor timpurilor (Faptele apostolilor 26:12-18).

Și astăzi, fiecare poate să-L cunoască pe Isus, dacă crede Cuvântul Lui și-L acceptă ca Mântuitor. Cine se întâlnește astăzi cu Hristos, „câștigă" cerul.

În Ioan 17:24 Isus Se roagă Tatălui: *„Tată, vreau ca acolo unde sunt Eu, să fie și aceia pe care Mi i-ai dat Tu."* Această rugăciune se împlinește în cer. Vom fi totdeauna cu El. Va fi o surprindere care ne taie respirația, atunci când credinciosul ajunge să vadă ce a crezut.

Împărăteasa din Seba a exclamat surprinsă: *„... și iată, nici jumătate nu mi s-a istorisit ..."* (2 Cronici 9:6).

Afirmația aceasta se potrivește și mai mult la sosirea noastră în împărăția lui Dumnezeu. Aici mai avem multe întrebări la care căutăm un răspuns urgent. Dincolo, cu Isus, se va clarifica totul: *„În ziua aceea nu mă veți mai întreba nimic"* (Ioan 16:23).

În prezența lui Dumnezeu și a lui Isus *„nu va mai fi noapte"* (Apocalipsa 22:5). Acolo nu va mai trebui să dormim. Va fi mereu o zi luminoasă. Nu va mai fi niciun corp ceresc care să lumineze. Niciun soare creat. În eternitate nu mai strălucește un soare creat, *„... căci o luminează gloria lui Dumnezeu; și lampa ei este Mielul"* (Apocalipsa 21:23).

Isaia a văzut deja în mod profetic acest soare etern în lumea lui Dumnezeu. *„Nu soarele îți va mai sluji ca lumină ziua, nici luna nu te va mai lumina cu lumina ei, ci Domnul va fi Lumina ta pe vecie, și Dumnezeul tău va fi gloria ta. Soarele tău nu va mai asfinți, și* *luna ta nu se va mai întuneca; căci Domnul va fi Lumina ta în eternitate ...“* (Isaia 60:19-20a).

Mii de oameni merg în fiecare an la ștrandurile supraaglomerate, să facă plajă la un soare dogoritor din sud; și mulți fac insolație, iar cu timpul cancer de piele. Sunt necesare creme sau soluții împotriva radiațiilor solare puternice, cu un factor de protecție cât mai mare.

Dar Soarele etern din cer va fi benefic, și nimeni nu va mai face insolație. Nu va mai fi un soare arzător și o căldură toridă (Apocalipsa 7:16), așa cum ne sunt cunoscute din regiunile pustii ale acestui pământ.

5.5 În cer vom fi ca Isus

Aproape că nu îndrăznesc să afirm, dar este scris în 1 Ioan 3:2:

„Preaiubiților, acum suntem copii ai lui Dumnezeu; și ce vom fi nu s-a descoperit încă; dar știm că atunci când Se va arăta El, vom fi ca El, căci Îl vom vedea așa cum este.“

Ce înseamnă aceasta? Deși la creație omul a fost făcut după imaginea lui Dumnezeu, la căderea în păcat omul a pierdut asemănarea lui cu Dumnezeu. Biblia spune numai despre Isus: *„El, care este oglindirea gloriei Lui și întipărirea Ființei Lui [Dumnezeu] ...“* (Evrei 1:3).

Dacă în cer vom fi ca Isus, atunci de aici se poate trage concluzia: Vom fi transformați astfel, încât și noi vom fi oglindirea gloriei lui Dumnezeu și întipărirea Ființei Lui.

Individual, fiecare va avea propria sa personalitate, dar caracteristicile specifice (frumusețe, glorie, aspect, perfecțiune corporală) vor fi aceleași, ca și ale Domnului Isus (vezi Filipeni 3:21). Corpul acesta nu va mai fi dependent de spațiu și timp (vezi Ioan 20:19).

Aici pe pământ întâlnim câteodată oameni cu care avem multe puncte de vedere comune. Conversațiile cu ei sunt un eveniment plăcut, și timpul trece repede. Ceea ce spun ei are un efect stimulant și ne îmbogățește, conducându-ne la cunoștințe noi, la care nu am fi ajuns fără sfatul altora.

În cer vom avea în întregime gândurile lui Hristos. Comunicarea cu El va fi un element creativ important. Chiar dacă întrebările noastre de pe pământ își vor fi primit de mult răspunsul lor, va exista întotdeauna un subiect nou de conversație.

Tot așa cum aici dorim să cunoaștem din ce în ce mai mult pe oamenii pe care-i iubim, dincolo vom urmări să cunoaștem bogățiile de necuprins ale lui Dumnezeu (Isaia 40:28) și Isus (Coloseni 2:3).

Dumnezeu a vorbit cu Adam imediat după ce l-a creat, și l-a pus să dea nume animalelor create (Geneza 2:19-20). Nu este logic ca Domnul cerului să continue acea conversație creativă? Conversația din cer nu este un schimb de cunoștințe enciclopedice cunoscute.

În cer vom iubi cum iubește El și vom fi creativi ca El.

5.6 Cerul – un motiv de mare bucurie anticipată

Dacă analizăm vorbirile lui Isus, în funcție de conținutul lor, ne atrage atenția un aspect deosebit al lor. El proclamă permanent mesajul cerului. Prima Sa predică începe cu cuvintele: *„S-a împlinit timpul, și împărăția lui Dumnezeu este aproape. Pocăiți-vă, și credeți în Evanghelie“* (Marcu 1:15). El explică ascultătorilor Săi mereu, în alte parabole, natura împărăției cerului: *„Împărăția cerului se aseamănă cu*

- *un om, care a semănat o sământă bună în ogorul lui“* (Matei 13:24).
- *un bob de muștar …“* (Matei 13:31).
- *un aluat …“* (Matei 13:33).
- *o comoară ascunsă într-un ogor …“* (Matei 13:44).
- *un comerciant …“* (Matei 13:45).
- *o plasă …“* (Matei 13:47).
- *un împărat, care a făcut nunta fiului său“* (Matei 22:2).

Conversația pastorală cu Zacheu se încheie cu cuvinte care se referă la mântuirea eternă: *„Astăzi casa aceasta are parte de mântuire, căci și el este fiul lui Avraam; căci Fiul omului a venit să caute și să mântuiască ce este pierdut“* (Luca 19:9-10).

Isus promite împărăția lui Dumnezeu unora care vor crede ca niște copii: *„Lăsați copiii să vină la Mine, și nu-i opriți; căci împărăția lui Dumnezeu este a unora ca ei“* (Luca 18:16).

Celui paralizat Isus nu i-a zis mai întâi *„Scoală-te, și mergi“* (Matei 9:5), *ci „Păcatele îți sunt iertate“* (Matei 9:2).

Și aici se vede clar că pentru Isus, condiția prealabilă pentru intrarea în cer este eliberarea de păcat.

Predica de pe munte, care astăzi este folosită adesea eronat în scopuri pământești, în afirmațiile ei principale se referă la cer:

- *„Ferice de cei persecutați din cauza dreptății, căci a lor este împărăția cerurilor“* (Matei 5:10).

- *„Căutați mai întâi împărăția lui Dumnezeu și dreptatea Lui, și toate acestea vi se vor da pe deasupra“* (Matei 6:33).

- *„Intrați pe poarta strâmtă; căci largă este poarta, lată este calea care duce la pierzare, și mulți sunt cei care intră pe ea. Dar strâmtă este poarta, îngustă este calea care duce la viață, și puțini sunt cei care o găsesc“* (Matei 7:13-14).

Când ucenicii s-au întors din misiunea de a-L face cunoscut mai dinaninte oamenilor, ei s-au bucurat că li se supuseră și spiritele rele. Isus le-a arătat de ce să se bucure: *„Deci, nu vă bucurați că spiritele vă sunt supuse, ci bucurați-vă că numele voastre sunt scrise* *în ceruri"* (Luca 10:20). Ei nu trebuiau să se bucure că le erau supuse spiritele, ci adevărata bucurie a lor trebuia să fie faptul că numele lor sunt scrise în ceruri.

Dacă arătăm unei singure persoane calea spre mântuire, consecința va fi o mare bucurie în cer: *„Tot așa, vă spun, că este bucurie înaintea îngerilor lui Dumnezeu, pentru un singur păcătos care se pocăiește"* (Luca 15:10).

Aceste etaloane stabilite de Însuși Isus înseamnă următoarele:

- Ucenicii Săi trebuiau să predice în primul rând mântuirea, care duce pe oameni în cer. Această prioritate a misiunii divine nu a fost modificată niciodată.
- Până la venirea lui Isus, țelul trebuie să fie tema dominantă a predicii și a sfatului pastoral.
- Știind că cetățenia noastră este în ceruri (Filipeni 3:20), lucrul acesta trebuie să ne imprime viața noastră și să o facă să radieze.

6. Hotărârea noastră liberă – în cer sau în iad

În cartea Ieremia se spune: *„Iată, vă pun înainte calea spre viață și calea spre moarte“* (Ieremia 21:8).

Nimeni nu ajunge automat în cer și nimeni nu ajunge fără să-și dea seama în iad. Dumnezeu ne-a lăsat să decidem singuri în multe domenii. În cazul acesta, este cea mai mare libertate de decizie pe care ne-a lăsat-o Dumnezeu.

Vreau să explic lucrul acesta pe baza discuțiilor purtate separat cu două femei.

6.1 Femeia care vrea să ajungă în iad

Este de necrezut, dar există unii oameni care vor să ajungă în iad.

- Ei sunt de părere că acolo se întâmplă mai multe lucruri decât în cer.
- Ei sunt de părere că acolo îi vor regăsi pe prieteni lor.
- Ei sunt de părere că acolo își pot continua viața lor obișnuită.

Au eșuat oare predicile noastre? N-am descris într-un mod suficient de viu ororile și torturile, astfel că mulți nu sunt informați ce îi așteaptă în locul acela?

Sau și mai rău: nu am predicat niciodată despre iad? Sau poate chiar am spus: nu există niciun iad!

Nu de mult, un prieten bun mi-a spus: „În adunarea noastră nu s-a predicat niciodată despre iad." Predicatorii se tem probabil că li se va reproșa că trăiesc în Evul Mediu.

Eu m-am decis să predic oamenilor tot ce a spus Isus oamenilor. Și El nu a vorbit rar despre iad și pierzarea oamenilor.

Artistul și vedeta televiziunii britanice, *Chris Howland* (1928-2013), care s-a născut în Londra și a devenit celebru în Germania, ca umorist și cântăreț de muzică pop, a afirmat referitor la iad, că el preferă să nu ajungă în cer, ci în iad, căci acolo sunt toți prietenii lui.

El s-a înșelat amarnic, căci în iad nu mai există niciun prieten. Prietenii sunt buni. Dar în iad nu există absolut nimic bun, deoarece Dumnezeu, originea oricărui bun nu este acolo. De aceea, în Biblie nu există niciun loc unde să fie amintit cel mai mic indiciu că în locul de chin și întuneric ar mai exista vreo formă de comunicare prietenoasă.

Iadul este cel mai izolat loc pe care ni-l putem imagina.

Și Paul Sartre a descris prea indulgent iadul, când este de părere că acolo ar fi închiși, la un loc și permanent, oamenii care nu se înțeleg deloc între ei.

Într-o predică pe care am ținut-o în Mannheim, am vorbit despre cer și iad. După terminarea programului, a venit o femeie tânără și mi-a spus că ea știe foarte bine unde vrea să ajungă. Eu eram aproape sigur că ea va continua să spună: bineînțeles că în cer. Dar ea continuă: „Nu, sub nicio formă nu mă voi pocăi, căci eu vreau în iad."

Am rămas perplex și nu-mi venea să cred ce auzisem. Am predicat eu fals, astfel că cei care m-au auzit să prefere iadul în locul cerului?

M-a surprins argumentația ei. „Eu am avut o relație strânsă cu mama mea, am iubit-o așa de mult. Ea a murit când eu aveam 20 de ani. Ea nu a crezut, de aceea, conform celor spuse de dv. ea este în iad. Și eu vreau să fiu acolo unde este ea."

I-am explicat că trebuie să țină cont de următoarele lucruri:

În primul rând: Nimeni nu poate spune despre cineva în mod sigur, că acela este în iad. Mama unuia dintre cei doi bandiți a văzut cum fiul ei a mers pe o cale greșită. El a devenit un hoț și un criminal. Iar apoi a fost arestat de soldații romani și, drept pedeapsă, l-au crucificat.

Dacă am fi întrebat-o pe mama lui unde este fiul ei acum, răspunsul ei ar fi fost categoric și foarte clar: „El n-a crezut, ba mai mult a ajuns un nelegiuit – el este în iad!"

Ea l-a judecat după comportarea pe care a avut-o cât a trăit. Iar în plus, viața lui s-a terminat la cruce, după ce s-a demonstrat că a fost un criminal.

Dar el L-a rugat pe Domnul Isus să-Și amintească de el; iar prin promisiunea făcută lui, el a fost mântuit: „Astăzi vei fi cu mine în paradis“ (Luca 23:43). Pe acest bandit îl vom întâlni în cer. Mama lui însă nu știa nimic din cele întâmplate la cruce.

În al doilea rând: Îmi amintesc de timpul de după cel de-al doilea război mondial. Datorită refugierilor, expulzărilor și luărilor în captivitate au fost dezmembrate numeroase familii. După război, timp de mai mulți ani, Crucea Roșie Germană făcea apel la radio, căutând să reunifice pe membrii familiilor despărțite de război.

Iadul nu este un loc de reunire a familiei! Și chiar dacă îți preiau ideea și presupun că tu și mama ta veți ajunge cândva în același loc de pierzare, nu o vei întâlni acolo niciodată.

În al treilea rând: Biblia ne spune că *„Dumnezeu este dragoste“* (1 Ioan 4:16). În adunările din fosta Uniune Sovietică am citit de multe ori, scrise pe pereți, cu litere mari, cuvintele „Бог есть любовь“ (Dumnezeu este dragoste). Când doi tineri se întâlnesc, se îndrăgostesc și se căsătoresc, atunci dragostea lor este darul lui Dumnezeu.

Iadul poate fi definit ca locul absenței totale a lui Dumnezeu. Deci, dacă Dumnezeu nu este acolo, aceasta înseamnă că acolo nu este nicio scânteie de dragoste.

În al patrulea rând: Mai există încă un motiv pentru care nu îți vei regăsi mama. Deoarece iadul este un loc întunecos, *„... întunericul de afară“* (Matei 8:12; 22:13).
Din toate aceste motive, nu pot decât să-ți recomand: Hotărăște-te pentru Isus, și nu mai rămâne în starea de pierzare etenă. Este spre binele tău și al copiilor tăi, care-ți vor mulțumi că i-ai crescut în credința adevărată, încă de când erau mici.

6.2 Femeia care vrea să ajungă în paradis

În decembrie 1999 eram iarăși în Mannheim, la o evanghelizare. La începutul întâlnirii dintr-o seară, eram la masa cu cărți și priveam în jurul meu. O femeie s-a apropiat de mine, și mi-a zis aproape emoționată:

„Știți, copilul meu este în cer; este în mâinile lui Isus.“ Nu știam ce vrea să-mi spună prin această frază, și am rugat să-mi spună mai mult despre copilul ei. Și mi-a zis: „În urmă cu câteva săptămâni am înmormântat pe fetița mea de numai trei luni. Dar sunt sigură că ea este acum la Isus. Când a murit fetița mea, mama mea credincioasă mi-a dat cartea ei „Și celelalte religii ...“[5], și în ea scrieți ce se întâmplă cu copiii care au murit când sunt mici. Ați explicat cu cuvintele Domnului Isus: *„Lăsați copiii, și nu-i opriți*

[5] carte de același autor, tradusă și publicată și în limba română.

să vină la Mine, căci împărăția cerurilor este a unora ca ei" (Matei 19:14).
Ceea ce mi-a străpuns inima. Îmi iubesc copilul mai mul ca orice. Eu vreau să fiu și eu odată unde este copilul meu, de aceea, m-am pocăit. Și știu sigur că-mi voi revedea copilul în cer.

Și ea îmi spunea aceasta foarte emoționată. La câți le va mai spune ea despre experiența ei dramatică, și prin ea va îndrepta oameni spre Mântuitorul Isus?

Prin acest exemplu am înțeles mai bine un lucru, pe care nu toți oamenii trebuie să-l înțeleagă neapărat la fel. Ce nu face Dumnezeu, ca să mântuiască pe un om? El îi dăruiește unei femei un copil, pentru ca după numai câteva luni, să-l ia la El. Prin aceasta el i-a vorbit așa de puternic acelei femei, încât ea a ajuns să creadă și să fie mântuită.

7. Legile naturii și dragostea lui Dumnezeu

Din fizică știm că legile naturii sunt formulate în mod vulnerabil, adică ai impresia că ele ar putea fi contrazise. Dar în declarația lor ele sunt atât de ferme, încât niciun experiment nu le poate răsturna. Ele rezistă la orice atac.

O lege naturală este acceptată cu un statut valabil – și nu unul prezumtiv – numai după ce trecut de proba focului, care poate fi aplicată în toate cazurile, deoarece ea este valabilă în toate cazurile, fără nici-o excepție.

Tot așa este și Cuvântul lui Dumnezeu. Formulările lui sunt puternice, clare, cum este spre exemplu afirmația lui Isus din Ioan 14:6: *„Eu sunt Calea și Adevărul și Viața; nimeni nu vine la Tatăl, decât prin Mine."* Prin aceasta, Isus exprimă realitatea că în împărăția cerului se poate ajunge numai prin El.

Deși în lumea aceasta mulți au încercat să contrazică aceste cuvinte, în final se va vedea ce a prezis Isus în Luca 13:24: *„Străduiți-vă să intrați pe ușa strâmtă! Căci vă spun, că mulți vor căuta să intre [în împărăția cerurilor], și nu vor putea."*

Cuvântul lui Dumnezeu nu poate fi contrazis de nimeni, oricine ar încerca.

Cuvântul lui Dumnezeu rezistă testului dur al realității. Referitor la dragostea lui Dumnezeu, în 1 Ioan 4:8 se spune:
„Dumnezeu este dragoste."

Iar tot referitor la dragostea lui Dumnezeu, cuvântul profetic din Cântarea cântărilor 8:6:

„... căci dragostea este tare ca moartea ..."

Această afirmație este formulată contestabil. În principiu, ea poate fi contrazisă. **Crucea lui Isus** a fost cea mai **dură verificare** a legii dragostei lui Dumnezeu.

Prin viața Sa, Isus ne-a arătat natura dragostei lui Dumnezeu. El nu lucrează niciodată în mod egoist. Ce a făcut El a fost o dragoste altruistă față de oameni. Deși în limba română nu există decât un singur cuvânt pentru dragoste / iubire, limba greacă are pentru dragoste trei cuvinte deosebite:

- dragostea erotică (grec. *eros*)
- dragostea pentru prieteni sau filantropia (grec. *philia*)
- dragostea necondiționată, altruistă și dezinteresată (grec. *agapae*)

Dragostea divină reacționează fără condiții prealabile. Merge această dragoste atât de departe, încât să nu-i fie frică nici de moarte? Ispita Domnului Isus de pe cruce a fost mare, ea ar fi putut să răstoarne afirmația dragostei divine dezinteresate.

Prima tentativă a avut loc prin conducătorii lui Israel:

„... dar și conducătorii poporului își băteau joc, și ziceau: „Pe alții i-a salvat; să Se salveze pe Sine Însuși, dacă este El Hristosul, Alesul lui Dumnezeu“ (Luca 23:35).

Aceasta a fost o încercare de a răsturna dragostea lui Dumnezeu. Dacă Domnul Isus S-ar fi dat jos de pe cruce, ar fi fost contrazisă afirmația din Cântarea cântărilor 8:6: *„... căci dragostea este mai tare decât moartea, și gelozia este mai neînduplecată decât locuința morților; jarul ei este jar de foc, o flacără a Domnului.“*

La scurt timp după aceea, **a doua tentativă** de a contrazice afirmația despre dragostea lui Dumnezeu, care este tare ca moartea:

„Iar unul dintre răufăcătorii crucificați Îl calomnia, și zicea: „Nu ești Tu Hristosul? Salvează-Te pe Tine însuți și pe noi!“ (Luca 23:39)

Nici încercarea aceasta nu a contrazis dragostea lui Dumnezeu! Însă a mai existat și **a treia tentativă:**

„Și trecătorii Îl calomniau ... Tot astfel și marii preoți, cu toți cărturarii, Îl insultau ... pe Sine Însuși nu Se poate salva! Hristosul, Împăratul lui Israel să coboare acum de pe cruce ... ca să vedem și să credem! Îl insultau și cei crucificați cu El“ (vezi Marcu 15:29-32).

Nici a treia tentativă nu a contrazis dragostea lui Dumnezeu. Isus ar fi putut să coboare de pe cruce, dar El nu S-a dat jos de pe cruce. Într-adevăr, dragostea lui Dumnezeu este mai tare decât moartea;

deoarece Isus a trecut prin moarte. Dragostea lui Dumnezeu nu a putut fi învinsă, iar afirmația despre dragostea lui Dumnezeu nu a putut fi contrazisă.

Faptul că Domnul Isus a rămas pe cruce are o importanță foarte mare pentru noi. Numai prin sângele Său vărsat pe cruce putem fi mântuiți noi (1 Petru 1:18-19).

Nu există nicio dovadă mai mare pentru dragostea lui Dumnezeu, decât aceea numită de Isus Însuși:

„Cum M-a iubit pe Mine Tatăl, așa v-am iubit și Eu pe voi; rămâneți în dragostea Mea! Nimeni nu are o dragoste mai mare decât aceasta, ca cineva să-și dea viața pentru prietenii săi“ (Ioan 15:9,13).

Celebrul predicator britanic *Oswald Chambers* (1874-1917) a rezumat foarte bine dragostea lui Dumnezeu:

„Crucea lui Hristos ne arată fără echivoc că Dumnezeu a condamnat păcatul. Martiriul nu are nicio legătură cu crucea Sa. Ea fost cea mai înaltă învingere și ea a zdruncinat fundamentul iadului. În spațiu și timp nu este nimic absolut sigur și indubitabil, ca ceea ce a realizat Isus la cruce. El a făcut din mântuire fundamentul vieții umane, adică El a deschis fiecărui om posibilitatea să aibă părtășie cu Dumnezeu. Crucea nu este ceva ce I s-ar fi întâmplat lui Isus, ci El a venit să moară; El a venit intenționat să moară, să fie crucificat. El este Mielul care a fost jertfit (Apocalipsa 13:8). Faptul că Isus S-a făcut om nu ar fi avut nicio valoare, fără moartea Sa pe cruce.“

Un alt cuvânt profetic referitor la dragostea lui Dumnezeu este în 1 Corinteni 13:8:

„Dragostea lui Dumnezeu nu va înceta."

Aici este numită o altă caracteristică a calității dragostei lui Dumnezeu: Ea va fi prezentă și în cer și va dura etern. Nici dragostea dintre oameni, care s-au iubit pe pământ, nu va fi desființată, ci ea continuă în cer pentru totdeauna, și atunci într-o stare perfectă.

8. Dovezile lui Dumnezeu și mântuirea

Prin acceptarea unei dovezi a lui Dumnezeu nu ai ajuns la credință. Este necesară „apocalipsa“, descoperirea lui Dumnezeu prin Duhul Sfânt, că trebuie să-L accepți personal pe Isus ca Mântuitor. Chiar dacă dovezile lui Dumnezeu nu conduc direct la credință, ele sunt însă capabile să elimine nenumăratele obstacole ale credinței. Iar Duhul Sfânt ne vorbește într-o dragoste inegalabilă.

După ce am înțeles că există un Dumnezeu atotputernic și atotștiutor, care S-a îndurat de noi cu o dragoste nelimitată, prin Isus Hristos, putem să-L primim din toată inima. Isus vrea să fie Prietenul nostru, Mântuitorul și Domnul nostru. Dacă nu L-ai primit ca Mântuitor, primește-L astăzi, căci El a zis:

„Iată, Eu stau la ușă și bat; dacă aude cineva vocea Mea și deschide ușa, voi intra la el, voi cina cu el și el cu Mine“ (Apocalipsa 3:20).

Isus a promis în mod ferm că El acceptă pe toți care vin la El: *„Pe cine vine la Mine, nu-l voi izgoni“* (Ioan 6:37).

9. Întrebarea reprimată de multe ori

Mulți oameni nu vor să-și pună întrebarea referitoare la eternitate. Am observat chiar și la cei care meditează referitor la sfârșitul vieții lor. În timpul lui Isus au venit mulți oameni la El. Multe dintre dorințele și întrebările lor erau referitoare la lucrurile pământești:

- **Zece leproși doreau să fie vindecați** (Luca 17:13),
- **Orbii care doreau să vadă** (Matei 9:27),
- **Cineva l-a cerut ajutorul în disputa unei moșteniri** (Luca 12:13-14),
- **Fariseii au venit cu întrebarea dacă trebuie sau nu să plătească impozit cezarului** (Matei 22:17).

Numai puțini oameni au venit la Isus să-L întrebe cum se ajunge în cer. Un tânăr bogat a venit la El și L-a întrebat: *„Bunule Învățător, ce să fac, ca să moștenesc viața veșnică"* (Luca 18:18). Domnul Isus i-a spus ce să facă, anume, să vândă tot ce are – adică de ce era lipită inima lui – și să vină să-L urmeze. Cum el era foarte bogat, nu a ascultat de recomandarea lui Isus; iar astfel, el a renunțat la cer.

Mai erau și oameni care nu căutau deloc cerul, dar când s-au întâlnit cu Isus, El le vorbit despre împărăția cerurilor. Și ei au reacționat imediat, și au acceptat cerul.

Zacheu a dorit să-L vadă pe Isus, și a găsit mai mult decât se aștepta, paradisul. Ca un răspuns la acuzațiile pe care i Le aduceau fariseii, Isus spune: *„Astăzi casa aceasta are parte de mântuire, căci și el este fiul lui Avraam ..."* Luca 19:9).

10. Cum se ajunge în cer?

După cele prezentate până aici, se poate preciza:

- În împărăția cerurilor se poate intra într-o anumită zi. Este bine să știi lucrul acesta, iubită cititoare și iubit cititor, căci astăzi este posibil și pentru tine să primești viața eternă, adică să fii întotdeauna cu Dumnezeu.

- Intrarea în împărăția cerurilor nu este legată de vreo contribuție personală. Intrarea în împărăția cerurilor este gratuită. *„Căci prin har ați fost mântuiți, prin credință; iar aceasta nu vine de la voi, ci este darul lui Dumnezeu* (Efeseni 2:8).

- Cei ce caută împărăția cerurilor nu sunt respinși. *„Tot ce-Mi dă Tatăl, va veni la Mine; și pe cel care vine la Mine nu-l voi izgoni ..."* (Ioan 6:37).

Propriile noastre concepte cum mergem în cer sunt toate false, numai singurul plan de mântuire al lui Dumnezeu este bun și valabil.

O cântăreață cânta despre un clovn, care își încheiase serviciul într-un circ: „El ajunge sigur în cer, căci a înveselit pe oameni."

Important este să accepți invitația Domnului Isus: *„Veniți la Mine, toți cei trudiți și împovărați, și Eu vă voi da odihnă ..."* (Matei 11:2).

Se poate și mai simplu? Nu! Dacă odată mulți oameni nu vor ajunge în cer, este pentru că ei nu au cunoscut Calea spre cer sau pentru că au respins-o. Iar lucrul acesta a avut loc deja la respingerea invitației. *„Cine crede în El, nu va fi judecat; dar cine nu crede, a și fost judecat, deoarece nu a crezut în Numele singurului Fiu al lui Dumnezeu“* (Ioan 3:18).

În 1 Corinteni 2:9 este scris: *„Ce niciun ochi nu a văzut, nicio ureche nu a auzit și la inima niciunui om nu s-au urcat, este ce a pregătit Dumnezeu celor care-L iubesc.“*

Nimic de pe pământul acesta nu poate fi comparat cu lucrurile cerești. Acolo este inimaginabil de frumos, așa cum declară și Pavel, în versetul citat anterior.

Cineva ne-a deschis deja calea spre cer. Isus Însuși este Calea! El, Fiul lui Dumnezeu! Grație Lui, putem să ajungem așa de simplu în cer. Depinde numai de noi, dacă vrem.

Iar apostolul Pavel preia afirmația din Ioel și o explică: *„Căci nu este nicio deosebire între iudeu și grec; căci este același Domn, bogat în îndurare, pentru toți care-L cheamă. Căci oricine va chema Numele Domnului va fi mântuit.“* (Romani 10:12-13).

11. Mântuirea este posibilă prin Domnul Isus

În Faptele apostolilor, capitolul 2, Petru preia proro-cia din Ioel. Iar în versetul 22 citim: „Și atunci, oricine va chema Numele Domnului, va fi mântuit."

Aceasta este afirmația capitală a Noului Testament.

Când Pavel și Sila se aflau în închisoarea din Filipi, Pavel, în convorbirea lui cu gardianul-șef, rezumă astfel: *„Crede în Domnul Isus, și vei fi mântuit tu și casa ta"* (Faptele apostolilor 16:31). Dar el nu s-a oprit aici, ci i-a predicat Cuvântul lui Dumnezeu: *„Și i-au predicat Cuvântul Domnului, atât lui, cât și tuturor celor din casa lui"* (Faptele apostolilor 16:32).

Acest mesaj a fost scurt sau nu este redat tot ce a spus Pavel; dar el a schimbat viața gardianului-șef și a familiei lui. Ei s-au pocăit în aceeași noapte. Și au fost botezați.

Există ceva, ceea ce trebuie să știm cu orice preț. Isus vrea să renunțăm la calea lată, care duce la pierzare, în iad; și să mergem pe calea îngustă, care duce în cer.

Biblia spune că oamenii vor fi etern în paradis sau în iad. Primul loc este minunat, al doilea groaznic. Nu există un al treilea loc. Imediat după ce a murit, nimeni nu va mai spune: la moarte se termină totul. Atitudinea noastră față de Isus decide totul. Domiciliul nostru etern depinde de o singură persoană, Isus – și atitudinea noastră față de El și relația noastră cu El.

În evanghelia după Luca 16:19-31, Isus descrie în mod plastic cele două locuri. El relatează despre situația reală din paradis și iad. Nu este o pildă! În text iadul este numit „locuința morților". O altă denumire este gheena (focul etern – unde focul nu se stinge!). Este cealaltă locuință, diferită de locuința celor credincioși (Ioan 14:2). Este locuința celor despărțiți etern de Dumnezeu! Din locul numit gheenă sau locuința morților nu mai există nicio salvare. Domnul Isus ne vorbește insistent în Noul Testament (spre exemplu, Matei 7:13, 5:29-30, 18:8) despre acest loc; nu ca să ne sperie sau să ne amenințe, ci ca să ne avertizeze.

Și cerul este etern. Și acesta este locul unde vrea să Dumnezeu să ajungem. De aceea acceptă invitația Domnului Isus, să ajungi în cer.

Ceea ce ne împiedică este păcatul nostru. Dumnezeu nu tolerează niciun păcat în cer. Cine vrea ca după viața aceasta pământească să petreacă eternitatea cu Dumnezeu, în cer, trebuie să fie mai întâi eliberat de vina sa. Această eliberare nu a putut fi realizată decât de o singură persoană – iar această persoană este Isus Hristos. Numai El a putut să plătească pentru răscumpărarea noastră. Și El a plătit cu sângele Său, prin moartea Sa pe cruce.

Și ce trebuie să fac eu, ca să ajung în cer? El ne adresează și nouă invitația Sa de mântuire. Biblia ne invită în mod insistent în mai multe locuri, să răspundem chemării Domnului Isus:

- ***„Căutați să intrați pe ușa cea strâmtă!"*** (Luca 13:24).
- ***„Pocăiți-vă, căci împărăția cerurilor este aproape!"*** (Matei 4:17).
- ***„Intrați pe poarta cea strâmtă, căci largă este poarta, lată este calea care duce la pierzare; și mulți sunt cei care intră pe ea. Dar strâmtă este poarta, îngustă este calea care duce la viață; și puțini sunt cei care o găsesc"*** (Matei 7:13-14).
- ***„... apucă viața eternă, la care ai fost chemat ..."*** (1 Timotei 6:12).
- ***„Crede în Domnul Isus, și vei fi mântuit ..."*** (Faptele apostolilor 16:31).

Toate aceste texte exprimă invitațiile insistente; din ele se deduc gravitatea și seriozitatea invitațiilor. Procedează ca atare, și acceptă invitația spre mântuire. Poți să fii sigur că prin credință, Hristos a „intrat în inima ta" și ți-a dăruit viața eternă.

Primul lucru care are loc este că El ne-a schimbat sau ne schimbă viața, prin așa-zisa „naștere din nou" sau metamorfoză, o naștere spirituală, o înnoire a vieții (vezi Ioan 3:3 și 5; 1 Petru 1:3).

Nu amâna hotărârea ta de a-L urma pe Isus, deoarece nu știi ce aduce ziua de mâine. Ce te împiedică să te hotărăști astăzi? Acum, hotărăște-te acum!

Nu trebuie să aștepți un anumit moment, să fii într-un loc special sau să aștepți pe o anumită persoană, în fața căreia să iei această hotărâre. Hotărăște-te înaintea lui Dumnezeu; și El Își va împlini promisiunile Sale.

Dumnezeu Însuși îți garantează mântuirea ta: *„Și mărturia este aceasta: Dumnezeu ne-a dat viață eternă; și această viață este în Fiul Său. Cine are pe Fiul, are viața; cine nu are pe Fiul lui Dumnezeu nu are viața“* (1 Ioan 5:1-12).

Isus stă la ușa inimii tale și așteaptă, ca la rândul tău, să-L inviți și tu, ca El să intre în inima ta și să-ți conducă viața.

El promite că primește pe oricine care vine la El: *„... și pe cel care vine la Mine nu-l voi izgoni“* (Ioan 6:37). Acum ai luat hotărârea necesară și importantă, și te îndrepți spre țelul ceresc. În același timp, ai început să-L urmezi pe Isus, lucrul cel mai important. Lucrul acesta va produce în viața ta o schimbare, pe care o voi explica prin patru puncte scurte:

Începe cu citirea regulată în Cuvântul lui Dumnezeu, care este Biblia. Ea este singura carte „autorizată“ de El. Ea conține „instrucțiuni de folosire“ pentru viața și moartea noastră.

Vorbește în fiecare zi cu Domnul Isus. Rugăciunea noastră o adresăm lui Dumnezeu, Tatăl, și lui Isus Hristos, Fiul Său.

Aplică în viața ta, ceea ce este scris în Biblie.

Caută părtășia cu alți oameni, care s-au întors cu adevărat la Hristos.

Autorul: *Prof. dr. ing. Werner Gitt* sa născut la 22 februarie 1937 în Raineck, Prusia Orientală – actuala Rusie. Între 1963 și 1968 a studiat la Facultatea Tehnică din Hanovra. Din 1968 până în 1971 a fost asistent la „Institutul de Tehnica Reglării” din cadrul Facultății Tehnice din Aachen. După doi ani de lucrări de cercetare, în anul 1970 a obținut titlul de dr. ing.

Din anul 1971 și până în anul 2002 a condus secția Tehnologia Informației la Institutul Național de Fizică și Tehnică din Braunschweig. În anul 1978 a fost numit profesor și director al acestui institut. El a făcut cercetări științifice în domeniul informaticii, matematicii numerice și tehnicii de reglare. Și-a publicat rezultatele cercetărilor în nenumărate lucrări științifice originale, și le-a prezentat la congrese științifice de specialitate sau la universități din Germania și din străinătate.

Începând din anul 1990 organizează în fiecare an o conferință de informatică, la care participă cca. 150 de persoane. Scopul ei este de a uni firul roșu al Bibliei, cu întrebările științifice (mai ales din domeniul informaticii). Ca profesor docent la Seminarul Teologic Independent din Basel, el conduce din anul 1984 domeniul Biblia și Științele Naturii.

Din 1966 este căsătorit cu Marion. În septembrie 1967 li sa născut Carsten și în aprilie 1969 Rona.

Pagina sa web: www.wernergitt.de

De aici se poate descărca material și în limba română.